Flower and Succulent Garden of Clay Art

クレイで作る
花と多肉のグリーンガーデン

Yukiko Miyai

ギフトにもインテリアにもおすすめ！　軽量粘土の花とグリーン

宮井 友紀子

Contents

Basic Techniques to Make Clay Art Flowers

クレイアートの基本～クレイの花の作り方

基本

花の作り方

[作品の仕立て方]

はじめに

植物の花びらは、一枚一枚、形、色、表情が違います。
その自然の造形の繊細さからインスピレーションを受け、クリエーションに活かしています。

研究心と好奇心から試行錯誤を繰り返し、クレイで作る植物を、
納得いく形に表現できるようになりました。
クレイアートの魅力は、ただ手を動かしてものを作るというだけではなく、
そのとき湧き上がるさまざまな感情や思いを、目に見える色や形に表現できるということです。
花びらが薄く重なり合うバラやダリア、表面のテクスチャーがさまざまな実ものや多肉植物
など、一つ一つの表情、色に気を配って、あなたなりのクレイの花を咲かせてください。

手作りの作業を通して温もりを感じ、
いろいろなインスピレーションを感じてもらえることを願っています。

最後に、この本の制作を一緒に行ってくれたチームのみんな、そして本の出版に至るまで
全ての工程に携わっていただいた皆様方に心より感謝申し上げます。

宮井 友紀子

テーブルアレンジ

足つきのエレガントな花器に、色や咲き方の違うローズをこぼれるようにたっぷりと。
正面から見てオーバルになるように全体の形を整えます。

イングリッシュローズ、ガーデンローズ、ティーローズ

Roses

Weddings
Gift of Roses

ウェディングスタイル

ローズをメインに、花で彩るウェディングや
パーティーシーンのスタイリングを紹介します。

クレイアートは、思い描くものをそのまま形にできるから、
自分らしさにこだわりたい大切なイベントを飾るときにおすすめです。

ブートニア

新郎や"Groomsman"という新郎の親友達、
親せきなどの胸元を飾るブートニア。
メインの花に、質感の違う葉や実を混ぜると
繊細な仕上がりになります。

●作り方　P.61 参照

ブーケ、ヘアコーム

ブーケは、丸みを帯びたラナンキュラスを中心に、
ガーデンローズを合わせて優しい色合いでまとめました。
ブーケと色調を合わせたヘアコームは、
華やかなティーローズを金具に留めて。

IN PINK

ピンクのケーキとワッフルコーンのアレンジ

スイーツ作りには、いろいろな種類の粘土やテクニックを使います。
デコレーションのチョコレートは、お菓子作りと同じように、
柔らかく溶いたデコレーティングペーストを垂らす
「ディッピング」という手法で表現します。
専用の型シートで均一な凸凹を作るワッフルコーンや
ペーストクレイのクリームなど、やればやるほどはまってしまう
クレイアートの面白さが詰まっています。

フラミンゴのケーキ

水で溶いたアクリル絵具を塗り重ねて、
ウォーターカラー風に彩色しました。
ケーキトッパーはフォルムの優雅なフラミンゴ。
同系色のローズやダリアをボディに見立てて、
ユニークながらも上品なスタイルに。

キャンドルスタンド

軽量粘土に石粉系の粘土を少し混ぜると、立体造形しやすくなります。
キャンドルスタンドは、ワイヤーの芯を土台にして造形します。
おさえた色のアンティークローズのボールブーケを飾っても素敵。

ベリーのケーキ

真っ赤なローズと３種のベリーを
ちりばめたケーキは、春のガーデン
ウェディングをイメージして。
赤を基調にしたトータルスタイリングで、
シンプルだけど大人っぽい
かわいらしさを演出。

ローズのギフトスタイル

ソフトクレイは、軽くて丈夫。異素材との相性もよく、リボンやビジューなど、質感の異なるリアルな素材と組み合わせて自由にデザインできるのも魅力です。自分らしい部屋を作るインテリアアイテムも、心を込めたギフトも、オリジナルスタイルで楽しんでください。

グリーティングカード

ソフトクレイの軽く、ソフトな質感は
ペーパーアイテムとベストマッチ。
花や葉、実など、小さなパーツをいくつも作って、
絵を描くように紙面にデザインします。

ピンクローズのリース

ワイヤーのリースの土台に、
ピンクのローズを贅沢にアレンジし、
ワイヤリングで固定します。
優しいトーンのピンクグラデーションで、
可憐な表情のリースです。

アイシング風クッキー

薄く伸ばした粘土生地をクッキー型で抜き、
半立体の花やカメオ風のフレームをアンティーク調にデザイン。
色をおさえて格調高い仕上がりに。

カップケーキ

お菓子作りをするように、カップケーキ型に粘土を固め、
トップは自由にアレンジします。ゴールドをポイントに使うと、
上品でクラシカルな雰囲気になります。

レジンのヘアアクセサリー

表面をレジンで硬化させると、丈夫になり
つやつやの光沢が出て、高級感が増します。
ラインストーンやパールビーズなどを組み合わせ、
アクセサリー金具にレジンで接着します（P.79 参照）。

GIFT
Hair Accessories

ギフトボックス

マットな質感の造形的な花にクラフト用のビジューを組み合わせて。リボンやレースなどの柔らかいファブリック素材と混ぜることで、女性らしい上質なギフトラッピングになります。

（写真左から）ラズベリー、ルドベキアヒルタ、ルドベキアサハラ、スカビオサのつぼみ、ダリア、サンフラワー、ラナンキュラス、セルリア、コスモス、ローズマリー、ユーカリの葉、ポピーのつぼみ、チューリップ、ブルーベリー、ヒペリカム、ジャパニーズアネモネ、クラブアップル、ミモザ、クレマチスのつぼみ、ベロニカシャーロッテ、ヤマボウシ

Wildflowers

Simple Elegance of Wildflowers

CLAY ART

野に咲く花でシンプルスタイル

ダリアやラナンキュラスなどの大輪花、小さく可憐な花を咲かせるラベンダーやミモザ……。
多彩な色や形で自然の美しさを感じさせる野の花を、
飾りすぎないシンプルなスタイルで紹介します。

木箱に並べて

茎を短くカットした花を、葉や実と合わせて小瓶にさした
小さなアレンジ。1つだけでもかわいいけれど、
古い木箱にいくつも並ぶと、花畑のような景色が楽しめます。

ブリキのウォールボード

ブリキのボードに試験管のようなガラスベースがついた
ユニークなウォールボード。存在感のある武骨なボードには、
主張しすぎないハーブ類を飾って、ナチュラルなスタイルに。

Ball

手描きボードのウォールアート

キャンバスボードにさらりと描いた手描きの器に、
クレイフラワーを飾ってみました。シンプルだけど目を引く、
アーティスティックな半立体のウォールボードです。

ジャーアレンジ

ポピーやラナンキュラスの花束に、黄色いビリーボタンでアクセントをプラス。
ガラスジャーには、麻布や麻ひもなどの自然素材を合わせて、
野の花の素朴な風情とバランスよく。

野の花のブーケ

色や形の違ういろいろなダリアを中心に、
野山を散歩しながら摘み集めた花のブーケをイメージして。
無造作なバランスがかわいい。

（写真左上から反時計回りに）アンスリューム、シェルジンジャー、ベリー、パッションフルーツ、グァバ、キウイ、ドラゴンフルーツ、ヘレコニア、シンビジウム、プルメリア、パパイヤ、グレープフルーツ、オレンジ、ストロベリーグァバ、パイナップル、スターフルーツ

Tropical Flowers

Tropical Inspired Fruits and Flowers

CLAY ART

南国の花＆フルーツで印象的なスタイル

南国の植物は、ユニークな色や形で独特の存在感があります。
極彩色の花や果実を使った大胆なアレンジで、南国の空気を感じてください。

レモンスライスの器にアレンジ

大小のガラスベースを重ねて二重にし、隙間に、
樹脂粘土で作ったレモンスライスを並べ入れます。
トーチジンジャーやハレコニアなどの
特徴的な花をメインにアレンジ。

Fruits AND Flowers

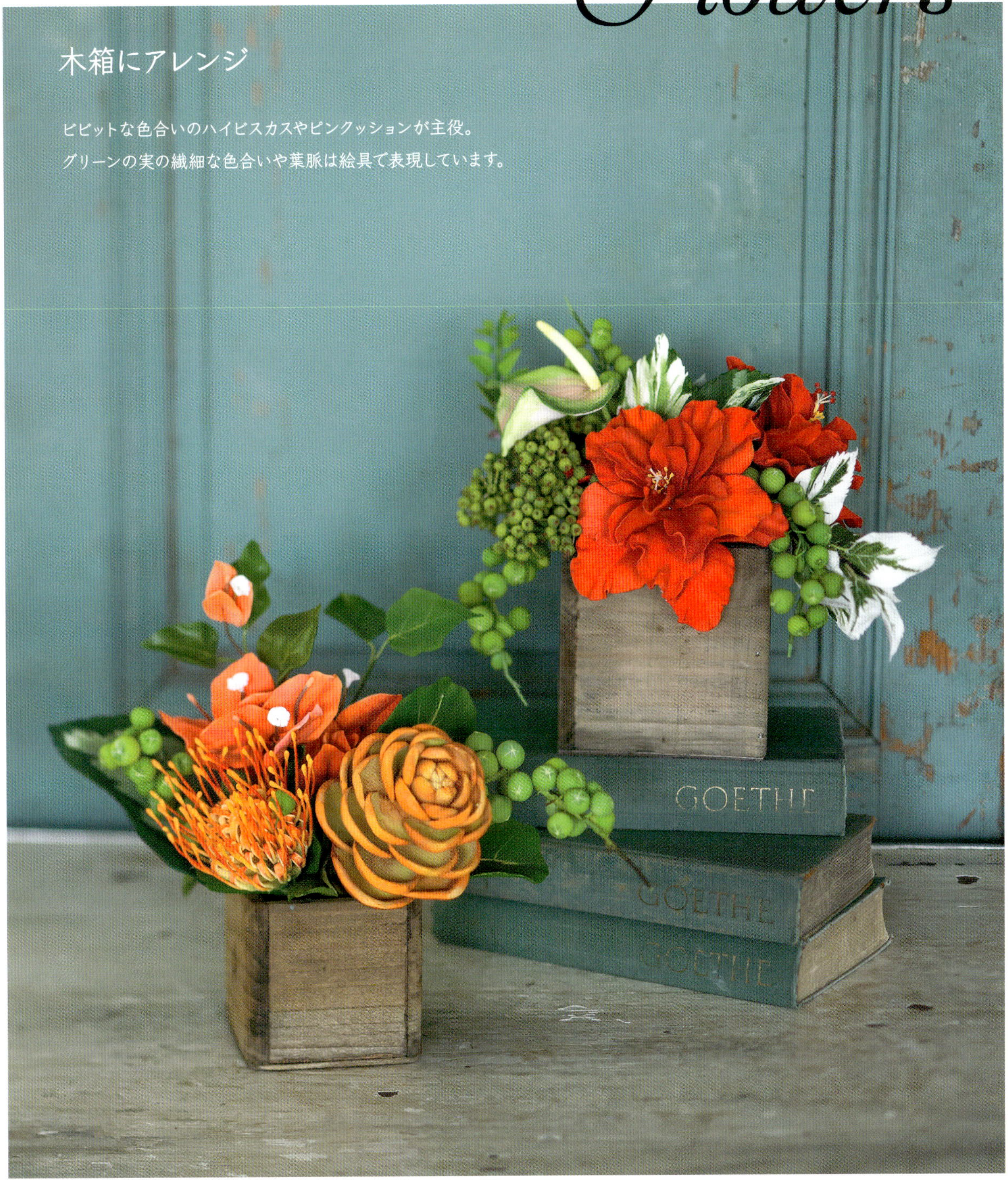

木箱にアレンジ

ビビットな色合いのハイビスカスやピンクッションが主役。
グリーンの実の繊細な色合いや葉脈は絵具で表現しています。

レターアレンジメント

ウッド素材やボックスタイプの
アルファベットレターは、
クレイのデコレーションベースにおすすめです。
パーティーのウェルカムボードなどにも最適です。

Decorative
character
Letter Arrangements

Succulent Plants

Natural Style of Succulents

CLAY ART

チランジア、ダドレア、リラシナ、ギムノカリキウム、エケベリア、ストレプトフィラ、パキベリア、ハオルチア、クラッスラ、セダム

多肉植物いっぱいのナチュラルスタイル

インテリアとしても人気の多肉植物をクレイで。
本物の多肉植物では難しい小さな寄せ植えや、
そのままの形で残しておけるクレイだからこそ
楽しめる自由なアレンジスタイルを紹介します。

寄せ植えアレンジ

お気に入りの器に、色合いの異なるグリーン、
形もさまざまな多肉植物を、バランスよくアレンジします。
ガーデンピックのフォークもクレイで。

●作り方　P.75 参照

アニマルベースのアレンジ

丸いフォルムの動物達は
石粉系の粘土を混ぜたソフトクレイで作ります。
多肉植物は、ユニークな器にも負けない個性があるから、
花器で遊んでもかわいい。

Vase in the Shape of Animals

ミニフェアリーガーデン

クレイならではの、小さな小さな多肉の箱庭。
キノコのお家も石の階段もすべてがクレイで、
作るほどにストーリーが広がる楽しいフェアリーガーデンです。

RADIO FLYER

ミニカーアレンジ

ブリキのピックアップトラックにおもちゃのラジオフライヤー。
子どものころから大事にとっておいたミニカーも、
多肉と相性ぴったりのフラワーベースに。

小さな小さな多肉のお家

薄く平らに伸ばした粘土を家の形にカットして、色づけしたら箱形に組み立てます。手のひらサイズの小さな家の器に、多肉をちょこんと置いたミニチュア寄せ植えです。

白い小さな器たち

ソフトクレイに石粉系の粘土を少し混ぜた白い粘土で
ユニークな器作り。ブタにサボテン、パイナップル……。
作るのが楽しくなる小さなインテリアです。

多肉のミニシェルフ

小さな多肉ポットをずらりと並べてディスプレイ。
板を塗って自作したシェルフに、クレイで作った棚板と
ポットを組み合わせました。本棚にすっぽり収まる
かわいいサイズの多肉の庭です。

WALL Decoration BOXES

ウォールフレームボックス

箱型の白い木枠にロゼットタイプの多肉をアレンジして、
おしゃれなウォールフレームに。ターコイズグリーンの
深く繊細な色合いにこだわりました。

ウッドベースのキャンドルアレンジ

テーブルセッティングの主役にもなるナチュラルスタイルのキャンドルアレンジメント。
おさえた色合いの多肉の中に、レフレクサムやグリーンネックレスなどを
垂れ下がるように配置するのが、バランスよく見せるコツです。

ハンギングガラスドーム

流行のテラリウム風アレンジは、手入れの手間がなく、
装飾素材も自在に作れるクレイアートに最適です。
ガラスドームの底には、マルチングストーンを
敷いています。

ハンギングココナッツ

ハワイで見つけたココナッツのハンギングベースは、
多肉植物とよく合います。花座サボテンの
赤や黄色をさし色に。

クレイアートの基本

-クレイの花の作り方-

Basic Techniques to Make Clay Art Flowers

クレイアートの基本と、
作品アレンジに使ったいくつかの花の制作工程を紹介します。

CLAY ART

本書で使った粘土

Clay Basics

本書で紹介した作品は、数種類の粘土で作っています。
ここでは、作品作りに使用した基本的な粘土２種とその扱い方を紹介します。

※本書の作品は、基本的な粘土以外にも、石粉系の粘土やペーストクレイなど、さまざまな粘土で制作しています。

1. ソフトクレイ（軽量粘土）
（白・黄・青・茶・黒・緑・赤）

樹脂を主原料とする軽量粘土。柔らかくて造形しやすく、粘土どうしを混ぜることで多彩な色を作ることができる。花や茎、器などほとんどの造形に使用する基本の粘土。

基本の扱い方

▸ 練る

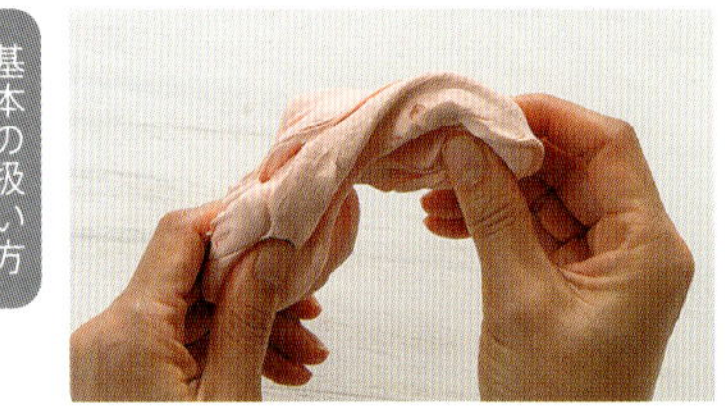

必要な分だけ取り出し、引っ張るようにしてこねる。乾燥して固くなってきたら、新しい粘土を足すか、水を少量足して練る。

▸ 混ぜる・色を作る

絵具で色を作るのと同様に、オレンジなら「黄＋赤」、ピンクなら「白＋赤」など、色粘土どうしを混ぜてこね、欲しい色を作る。

2. 樹脂粘土

軽くて弾力のある樹脂粘土。乾くと透明感のある仕上がりになり、強度がある。多肉植物や果実などに使用。

基本の扱い方

▸ 練る・混ぜる

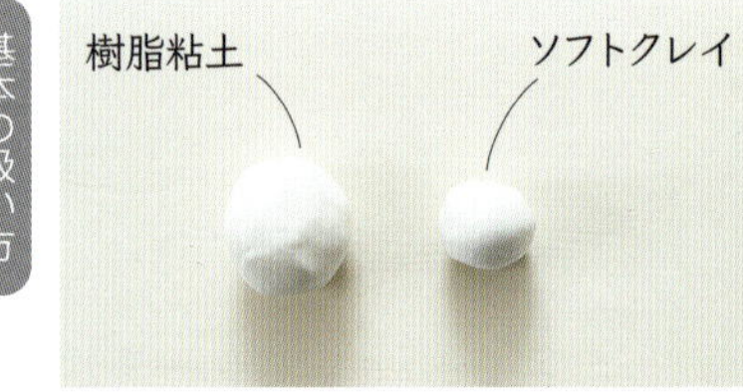

樹脂粘土だけで作る作品もあるが、多肉植物など、作りたい作品の質感によって扱いやすいように、樹脂粘土とソフトクレイを4：1で混ぜて使用。

▸ 色を作る

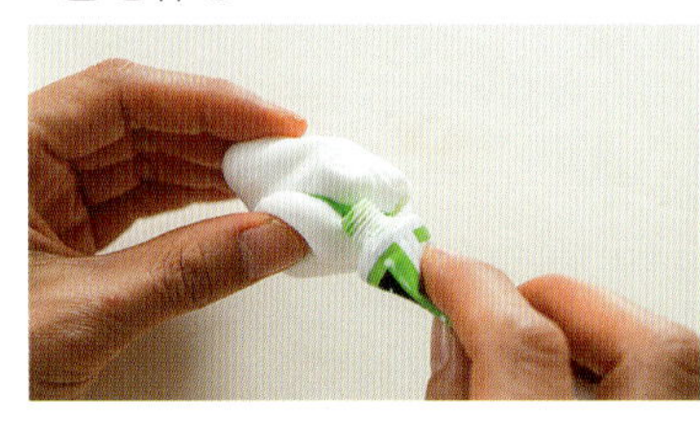

粘土にアクリル絵具を少量ずつ混ぜてこね、色をつける。

▸ 乾燥させる

作品は自然乾燥で乾かす。半日程度で表面が乾き（半乾き）、1〜2日で完全に乾く。急いで乾かしたいときは扇風機を使うとよい。完全に乾くと、1割程度収縮する。

▸ 保存する

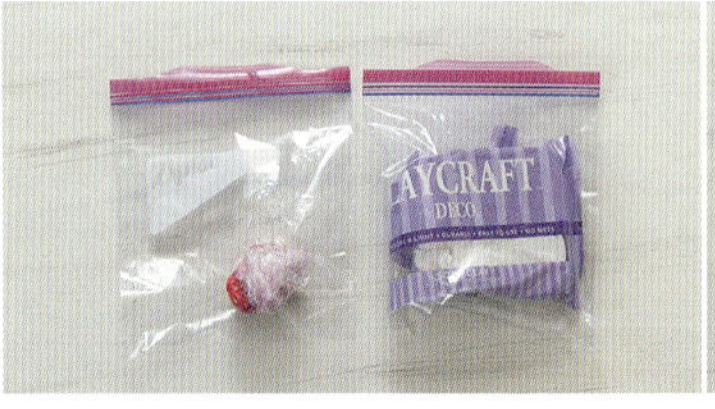

粘土は空気に触れると乾燥して硬くなる。使用途中の粘土は、袋のまま、またはラップなどにくるみ、密封できる保存袋や容器に入れて保存する。湿らせたペーパータオルを一緒に入れておくとよい。

制作途中のパーツは、湿らせたペーパータオルの上に置いて柔らかさを保つ。

花の作り方の
基本テクニック

粘土で花や多肉植物を作るときは、花弁、葉、茎といった
パーツを別々に作り、最後にそれらを組み合わせます。
それぞれのパーツの作り方は花の種類によって違いますが、
ここでは、その基本となるテクニックを紹介します。

[茎]

花を作り始めるときの土台になります。茎の長さや太さ、しなやかさは、花の種類や作り方、用途によって変わります。
作った花をブーケにするか、花先だけを装飾に使うかなど、最終的にどんな形にするか決まっていないときは、
仮茎を土台にして作り始め、出来上がったあと、用途に合わせて茎をつけ替えます。

▸ 茎の作り方

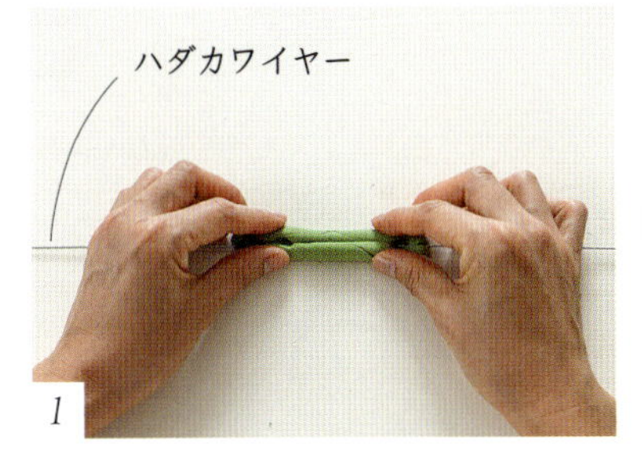

緑色の粘土を細長い筒状にして、
中心にハダカワイヤーを押し込む。

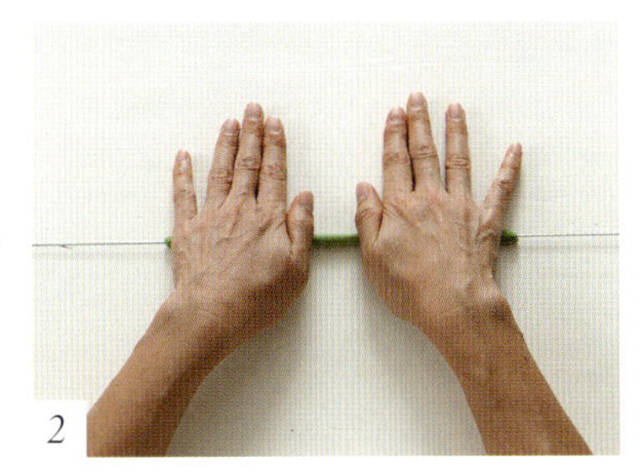

両手で粘土を前後に転がして、
ワイヤー全体を覆うように引き伸ばす。

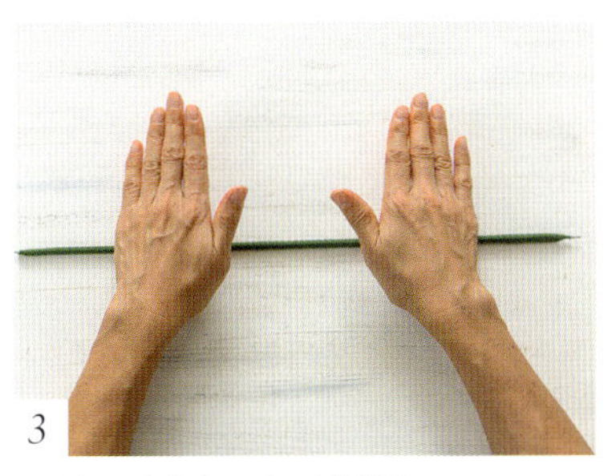

ワイヤーを粘土ですっぽり覆い、
必要な太さにする。

[茎の種類]

仮茎（仮芯）

仮の土台になる茎。＃18のハダカワイヤーに粘土を巻きつけて3㎜太さにし、15㎝長さにする。先端に乾いた硬い芯があるものを「仮芯」といい、作業途中に花がぐらつかず、作業しやすい。

※本書では、硬い芯のついたものを仮芯、芯のついていない茎を仮茎という。

15㎝

本茎

花や用途にあったサイズ、色、しなやかさの茎。

[使用するハダカワイヤーと茎の太さの目安]

#14～16…0.5～1㎝太さ
#18～20…1～5㎜太さ
#22～30…1～2㎜太さ

※本書での茎の表記方法
本茎（#18、3㎜太さ）は、18番のハダカワイヤーに粘土を巻いて3㎜太さにしたものを表す。

花茎・葉茎

花、葉の小さなパーツ用の茎。
直径1～2㎜の細い茎やハダカワイヤー、地巻きワイヤーを使う。

▸ 仮芯の作り方

1cm

15㎝長さに切った茎の、先端の1㎝部分にハサミで切り込みを入れて粘土を取り除き、ワイヤーを露出させる。

ボンド

ワイヤーにボンドをつけて、直径1㎝の粘土を卵形にしてつけ、完全に乾かす。

▸ 茎を切る

必要な長さになるようにニッパーで切る。

▸ 茎をつけ替える

花が完全に乾いたら、花の根元から仮茎を引き抜き、本茎の先端1～2㎝の粘土を取り除き、ボンドをつけてさし込む。

[花弁]

花弁を作るときに必要な基本の動作。花弁の形を整え、花弁一枚一枚に模様や動きをつけて、成形した花をリアリティのある生き生きした仕上がりにするためのテクニックです。

1. 必要量の花弁色の粘土を作る

同じ色を再現するのは難しいので、必要量より多めに作る

2. 形を作る

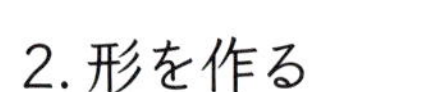

▸ 丸める

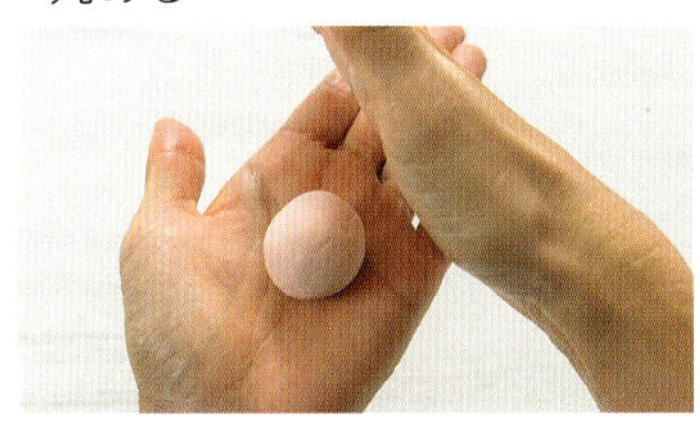

花弁1枚分の粘土を取って、手のひらで転がして丸める。

▸ 指で押し広げる

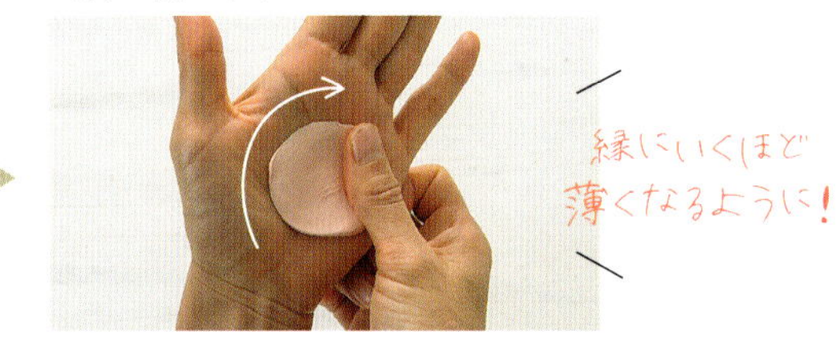

縁にいくほど薄くなるように!

丸めた粘土を手のひらに置き、親指で弧を描くように押し広げる。

▸ 涙形にする

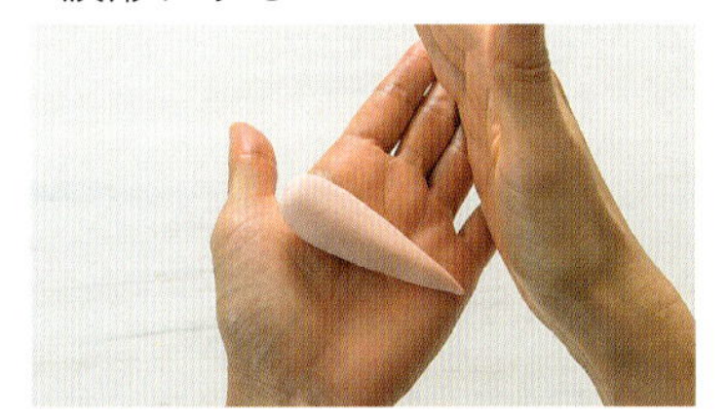

丸めた粘土をさらに転がして細く、先端が尖った涙形にする。

▸ 型で押し広げる

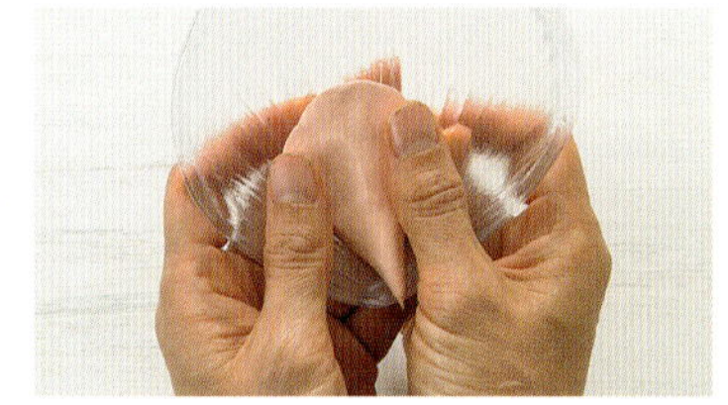

縦縞や波形の模様がある専用の型（p.76参照）に、玉や涙形の粘土を押しつけて伸ばし、広げる。

スジ模様がついた!

▸ 切り込みを入れる・形を整える

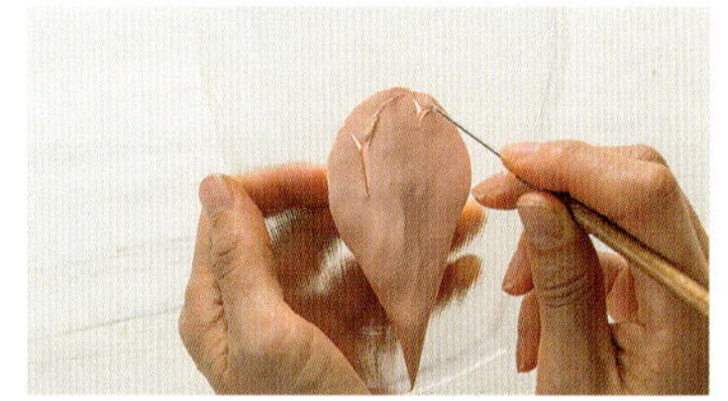

押し広げた花弁の縁に、棒針で切り込みを入れたり、余分な粘土を切り取ったりして形を整える。

▸ 指で押し広げて形を整える

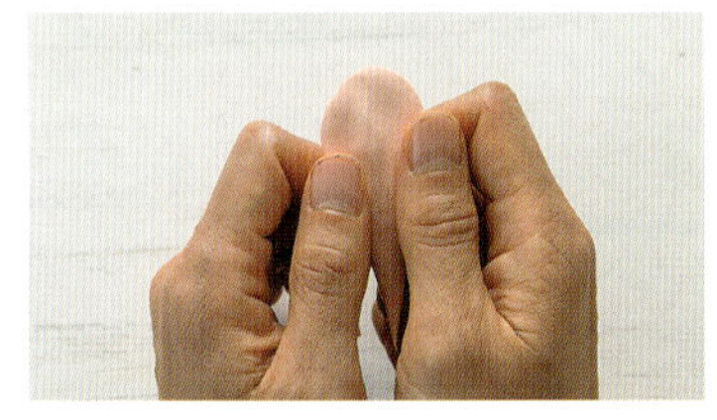

丸や涙形の粘土を、平らな面に押しつけて指で押し広げる。作りたい花弁の形になるように、指で形を整える。

3. 花弁に表情をつける

▸ スジをつける

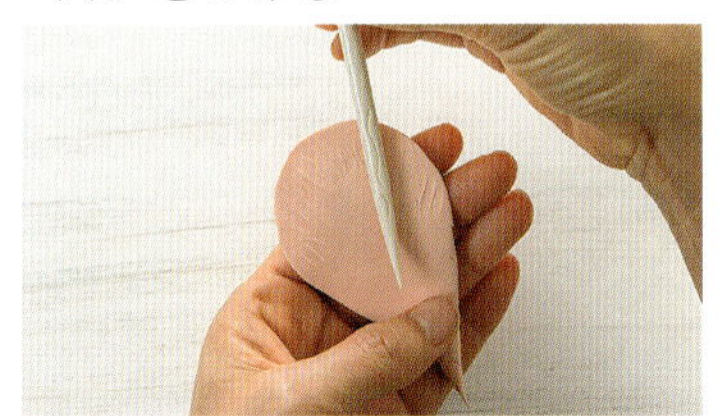

先端に模様のある細工棒（p.76参照）を押しつけるようにして転がす。花弁にうっすら模様がつき、質感が出る。

▸ フリルを寄せる

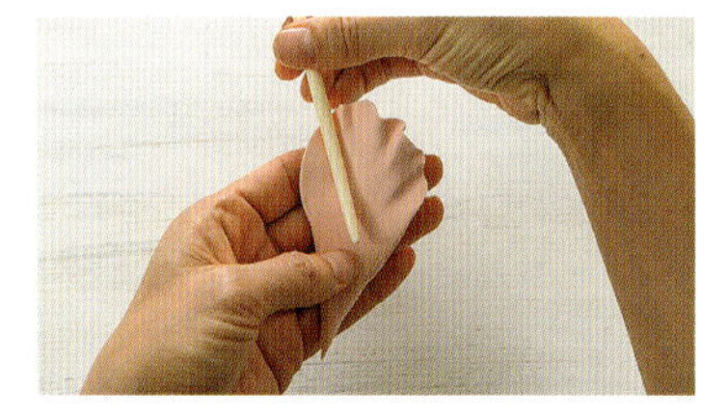

細工棒を花弁の縁に押しつけるようにして転がし、縁を波立たせる。

▸ 丸みをつける

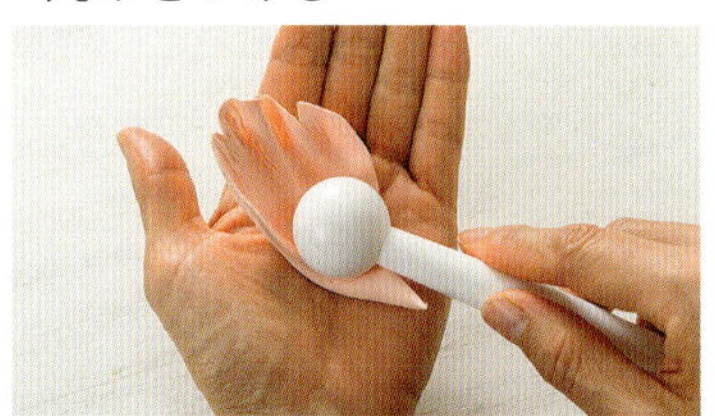

丸め棒を花弁の中心に押しつけて、花弁に丸みをもたせる。

Basic Techniques

[葉・がく]

花先だけでも十分作品として成り立ちますが、がくや葉をつけると、花一本一本のクオリティがより高くなり、アレンジのアクセントにもなります。
基本的な作り方は花弁とほぼ同じです。

1. 葉・がくの色の粘土を作る

2. 形を作る

▸ 型で押し広げる

葉脈の模様のある専用の型に、玉や涙形にした粘土を押しつけて伸ばす。

▸ 葉の形に切る

型で押し広げた粘土を、棒針などで葉の形を描くように切る。葉の形の型紙を作り、当てながら切ると便利。

3. 葉に表情をつける

▸ スジをつける

葉の表面に細工棒を押し当てるようにして転がし、スジをつける。

▸ 葉脈を描く

棒針で葉脈を描くようにスジをつける。

▸ 葉茎をつける

地巻きワイヤーなどの先端にボンドをつけ、葉の根元から中心までさし入れる。

4. 組み立てる ※葉に着色する場合は、組み立てる前に色をつける。

▸ フローラテープで巻く

茎どうしを合わせて、フローラテープで巻きとめる。粘土を巻いた茎の場合、重なる部分の粘土は取り除き、茎が不自然に太くなるのを防ぐ。

▸ 着色してなじませる

フローラテープ部分は、茎の色に近い緑色でぼかすように着色し、自然になじませる。

● がくの作り方

丸めた粘土を細長い涙形にし、型で押し広げ、形を整える。がくは花が乾いてからボンドでつける。

Roses

ティー ローズ

Tea Rose

材料と用具

・ソフトクレイ各色　・仮茎
・花の本茎（#18、5mm太さ）・つぼみの本茎（#22、2mm太さ）
・葉茎（#24、1mm太さ）・中心茎（#20、1.5mm太さ）
・フローラテープ（ライトグリーン、半幅）
・ボンド　・アクリル絵具　・葉型（B型、D型）など

直径2㎝の薄緑色の粘土を円錐形にし、ボンドをつけた仮茎の先端にさしつけて乾かす。

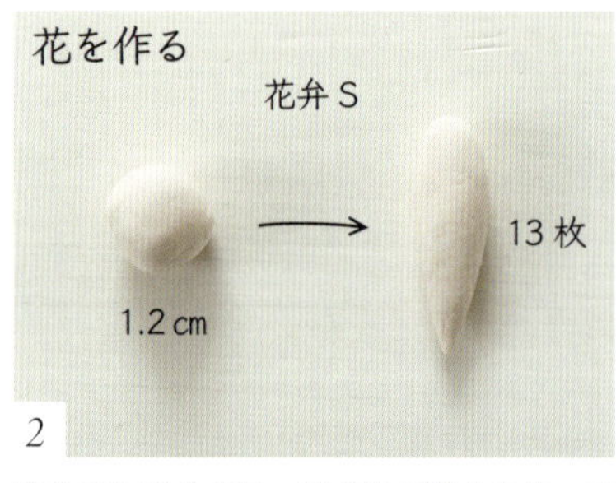

花弁Sを13枚作る。花弁色の粘土を作って直径1.2㎝の玉にし、涙型にする。

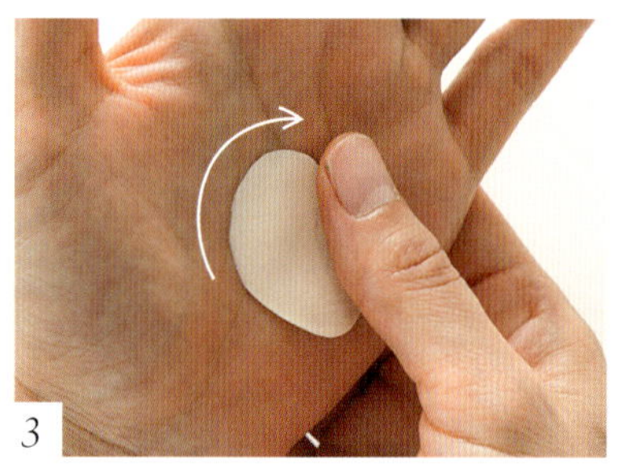

2を親指の腹で手のひらに押しつけながら、円を描くようにして伸ばす。

仮茎の先端を3の花弁1枚で包み、円錐形に整えて花芯にする。

3の花弁を6枚、少しずつずらしながら重ねる。花弁の縁が重ならないように、根元をつまんで持つ。

5の根元をギュッとつまんで手前にひねって丸める。残り6枚の花弁も同様にして、重なった花弁を2セット作る。

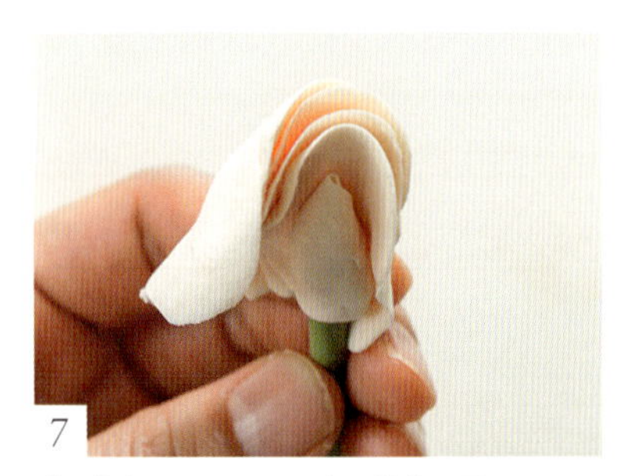

6の花弁1セットを、4の花芯を覆うように巻きつける。

もう1セットの6の花弁を、7で巻きつけた花弁の内側に突き合わせるようにさし入れ、巻きつける。

花芯をぐるりと覆うように花弁を巻きつけたら、根元を絞って茎になじませる。

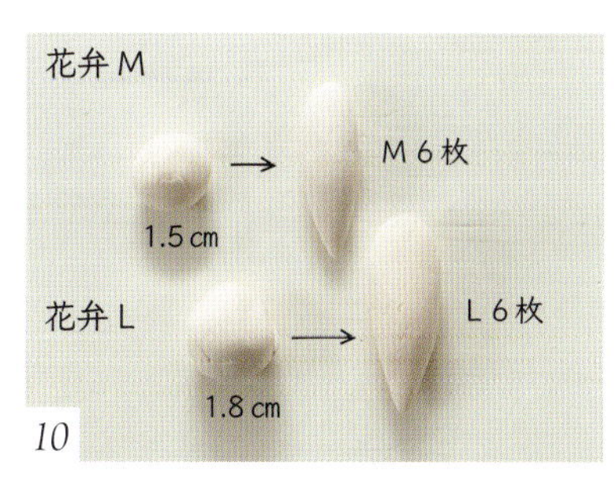

花弁M、Lを作る。直径1.5㎝、1.8㎝の玉をそれぞれ6個ずつ作り、涙形にする。

葉型で押し広げて花弁の形を整える。縁周りは薄く、根元にいくほど厚くなるようにする。

花弁の表面に細工棒を押しつけて転がし、花弁Mは表面を整える程度、花弁Lは表面にスジをつけ波打たせるようにする。

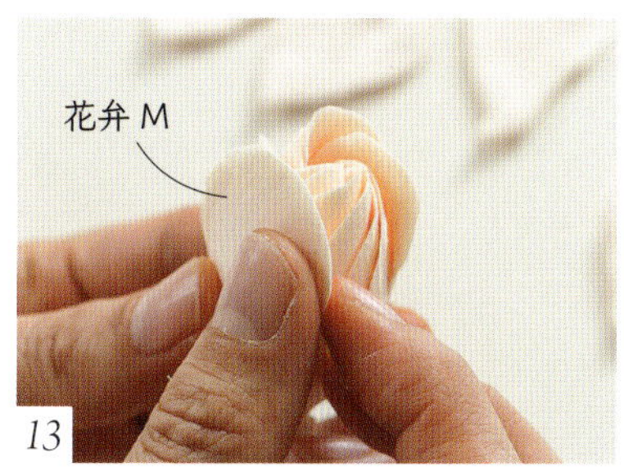

*9*に、花弁Mを3枚、等間隔に離してつける。花弁Mの根元に軽く水をつけ、はりつける。

*13*の花弁Mの間を埋めるように、残り3枚の花弁Mをつける。花弁の根元を押さえ、縁が密着しないようにする。

花弁Lも同様に3枚ずつはりつける。スジのついている面が内側になるようにし、花弁Mよりも少し高くなるようにつける。

指の先に少し水をつけ、花弁の縁を押し下げて外にそらせる。ここで半乾きになるまで置く。

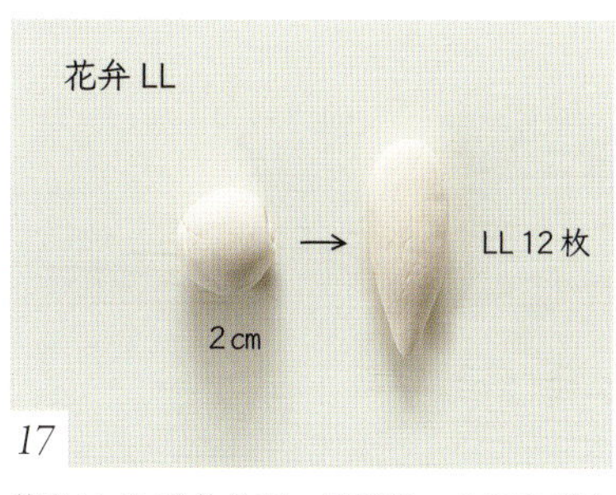

花弁LLを12枚作る。直径2㎝の玉をずんぐりした涙形にする。

葉型（D型）で押し広げ、細工棒で表面にスジをつける。細工棒の先に水をつけて縦になぞるようにして、花弁に丸みをもたせる。

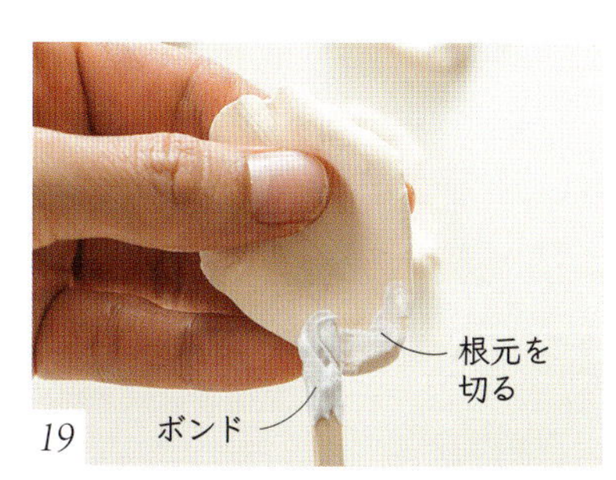

花弁の縁を指で丸めるようにしてそらせる。半乾きになったら、根元にボンドをつけ、*16*の周りにつける。根元が長い場合は切る。

花弁LLを3枚、等間隔にはり、その間を埋めるように3枚ずつ、バランスを見ながらはる。外側になるほど、花弁の高さを下げ、根元を押さえて、外に広がるようにする。

Roses

本茎につけ替える

花が乾いたら仮茎を引き抜き、先端のワイヤーを1㎝程度露出させ、ボンドをつけた花の本茎（#18、5㎜太さ）をさし入れる。

がくを作る

直径５㎜の薄緑色の粘土を細長い涙形にして、葉型（D型）で押し広げる。
細工棒で表情をつけ、先端に２～３か所ハサミで切り込みを入れる。

がくの根元に水を少量つけ、スジの入った面を下に向けて、花の根元につける。

５枚のがくを、放射状に等間隔に離してつける。

根元に粘土を足して膨らみを出し、がくを固定する。

葉を作る

葉の色の粘土を作り、直径1.5㎝の玉を涙形にする。

葉型で押し広げて葉の形に整える。

縁に棒針を押しつけるようにして、等間隔に切り込みを入れる。

表面に細工棒を押しつけて転がし、葉に動きをつける。

葉茎をつける。葉茎を５㎝長さに切り、先端のワイヤーを1㎝程度露出させてボンドをつけ、*29*の葉にさし入れる。

乾燥させてから、着色する（p.78参照）。葉の表裏全体を緑色に塗り、明るい緑色で葉脈を描く。絵具が乾いたら、半ツヤニスを塗り、乾かす。同様にして５枚作る。

葉茎の先端のワイヤーを2㎝程度露出させ、10㎝長さの中心茎を重ねてフローラテープで巻く。

*32*の葉から約2㎝下に別の葉を添わせ、葉茎をフローラテープで巻きつける。

同様にして、上から順に5枚の葉をつける。

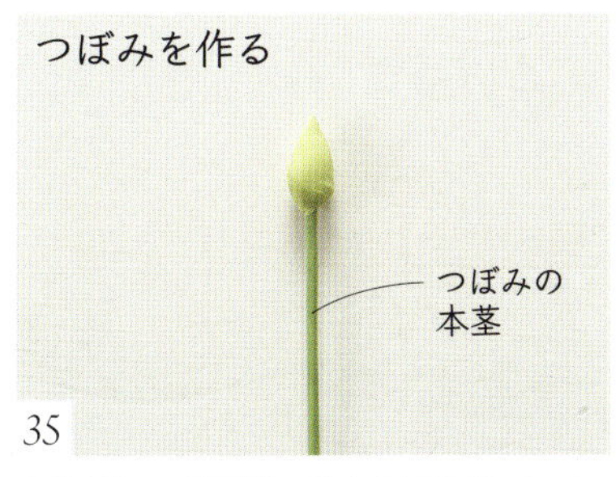

直径1.5㎝の薄緑色の粘土を円錐状にして、10㎝長さのつぼみの本茎（#22、2㎜太さ）の先端につける。

がくを5枚作る。直径5㎜の緑色の粘土の玉を、細長い涙形にして葉型（D型）で押し広げる。表面に細工棒を押しつけて転がし、表情をつける。

がくの根元に水をつけ、スジのついた面を外側にして、5枚で*35*の花芯を覆い隠すようにはりつける。

根元に粘土を足して膨らみを出し、少量の水をつけた細工棒などで自然になじませる。

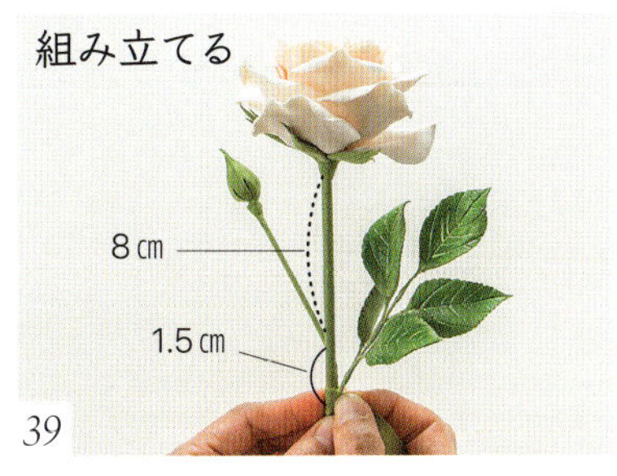

花の8㎝下に、つぼみの茎を添わせてフローラテープで巻きつけ、その1.5㎝下に*34*の葉を同様につける。

フローラテープ部分に茎と同系色の絵具で着色し、自然になじませる。

Roses

Rose Variations

—— ローズバリエーション ——

バラの種類は豊富で、色や花弁の数、形、花芯の形状など、
少しの変化でガラリと表情が変わります。

剣弁咲きのティーローズ

花弁が外側にそり返った
濃いピンクのティーローズ。

花弁の作り方のポイント

1 少量の水をつけた細工棒で、
縁をなでつけるように押す。

先端を尖らせる

2 縁を指で外に丸めてそらせる。
花弁の縁の中央が尖るようにする。

花芯が見えるガーデンローズ

花弁が大きく開いて、花芯が見える
ガーデンローズ。花芯にペップを使用。

花芯の作り方

1 ペップの先端を
黄色く着色する。

2 30本のペップを束にして中心をハダカワイヤー
(#28) でまとめて二つ折りにする。

3 仮茎の先端に
ワイヤーで巻きとめる。

4 花弁と同色の粘土でワイヤー部分を覆い隠し、
その周りに花弁をつける。

クォーター・ロゼット咲きの イングリッシュローズ

花弁の枚数が多く、中央の花弁が集まり、
いくつかに分かれて渦を巻くように咲く
優雅なローズ。

中央の花弁のつけ方

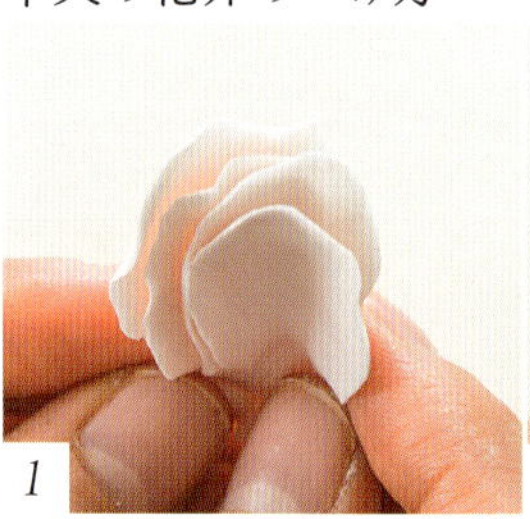

1 4～6枚の花弁を重ねて、
根元でまとめたものを
6セット作る。

2 仮茎に、先端を包むように
*1*の花弁をつける。同じ方
向に向かって円を描くよう
に残りの花弁もつける。

3 6セットの花弁を、隙間を埋
めるように突き合わせてつ
け、その後は1枚ずつ花弁を
つける。

【作品の仕立て方】①

ブートニア

作品 P.8

材料と用具

花（バラ、エリンギウムなど）、葉（ユーカリ、ハツユキカズラなど）、シルバーブロニア、ジャスミンのつぼみ、ユーカリの実など、フローラテープ（ライトグリーン、全幅）、リボン

1 メインになる花を中心にして、すべての素材をまとめて持ち、色や高さのバランスを見る。

2 大きな葉は残し、花茎をまとめてフローラテープで巻きとめる。

3 葉を一番後ろになるように重ねてフローラテープで巻きとめ、下まで巻き下ろす。

4 リボンでフローラテープ部分を隠すように下から巻き上げる。

5 花や葉のつけ根まで隙間なくリボンを巻いたら、リボンを輪にして、そこにリボンの先端を通して絞り、余分を切る。

（背面）

6 出来上がり。

Wildflowers

ポピー（開花・つぼみ）

Poppy

材料と用具

- ソフトクレイ各色　・本茎（#18、2mm太さ）
- 地巻きワイヤー（白、#26）
- フローラテープ（ライトグリーン、半幅）
- 素玉ペップ　・ボンド　・アクリル絵具
- 葉型（D型）　・シリコン型（ポピー型）　・ピンセットなど

[開花]

花芯を作る

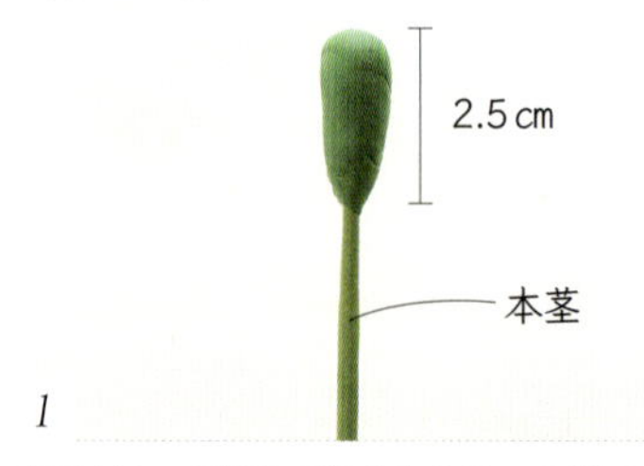

直径1.5cmの緑色の粘土を2.5cmの細長い円柱形にし、本茎につける。

薄緑色の粘土を1cm長さの細いロープ状にし、花芯の先端につける。7本を放射状につける。

ピンセットで2のロープをつまみ、角を立たせるようにして、形を整える。

花芯の頭頂部に、尖った細工棒の先などで穴をあける。

素玉ペップの軸部分を緑、先端を黄色に着色し、1.5cm長さに切る。

切ったペップを15～20本まとめて、根元にボンドをつけてまとめる。

*6*のペップにボンドをつけ、*4*の花芯の周りをぐるりと囲むようにつける。

花弁を作る

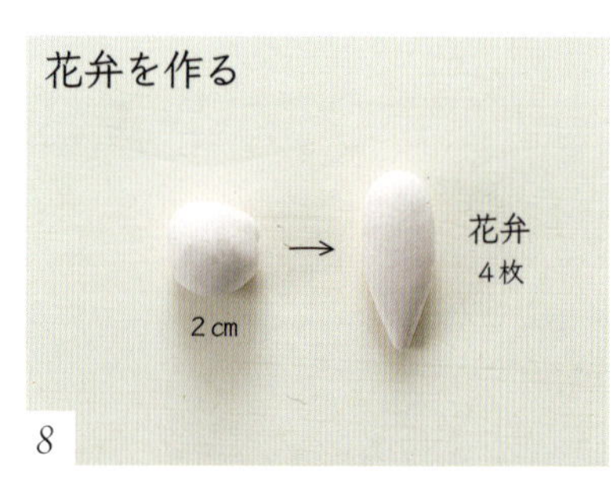

直径2cmの白い粘土を涙形にする。

*8*を扇形になるように葉型で押し広げて、花弁の形を整える。

型からはずした*9*の花弁を、さらにポピー型で押す。細工棒を花弁の縁に押しつけるように転がし、花弁にフリルを寄せる。

地巻きワイヤーを12㎝長さに切り、U字形に曲げて花弁の根元にさし入れる。

花弁に着色する。上部3分の2を薄いピーチ色に、根元を薄緑色でぼかすように着色する。

半乾きになったら、花弁の根元にボンドをつけ、花芯の根元にフローラテープで巻きとめる（①）。

*13*の花弁の対角線上に1枚つけ（②）、その間を埋めるように、残りの2枚（③④）をつける。

［つぼみ］

直径2.5㎝の花弁と同色の粘土を、ずんぐりした涙形にし、本茎の先につける。

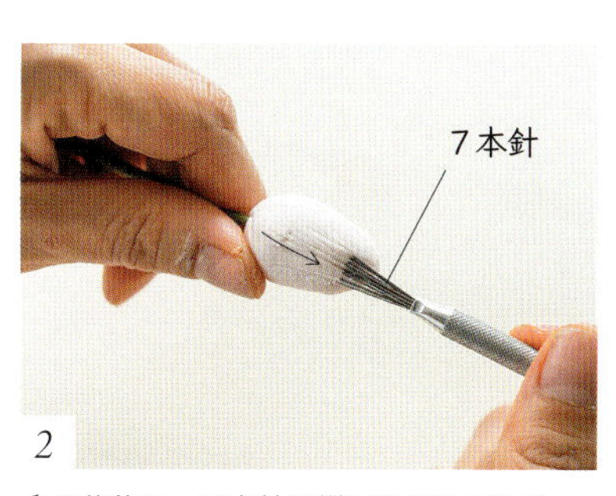

*1*の花芯に、7本針で縦にスジをつける。

苞を2枚作る。直径1.5㎝の薄緑色の粘土を涙形にし、葉型で押し広げて苞の形にする。

*2*の花芯を*3*の苞ではさみ、花芯が隙間から少し見えるようにしてはりつける。

花茎を逆さまに持ち、苞にハサミで切り込みを入れて、表面に突起をつける。

苞全体に突起をつけたら、出来上がり。

Wildflowers

ダリア

Dahlia

材料と用具

- ソフトクレイ各色
- 仮芯　・本茎（#18、3㎜太さ）
- ボンド
- アクリル絵具
- 葉型（D型）など

花芯を作る

仮芯の先端にボンドをつけ、直径1.5㎝の緑色の粘土を巻きつけてタマネギ形にする。棒針を縦に押しつけてスジをつける。

花弁を作る

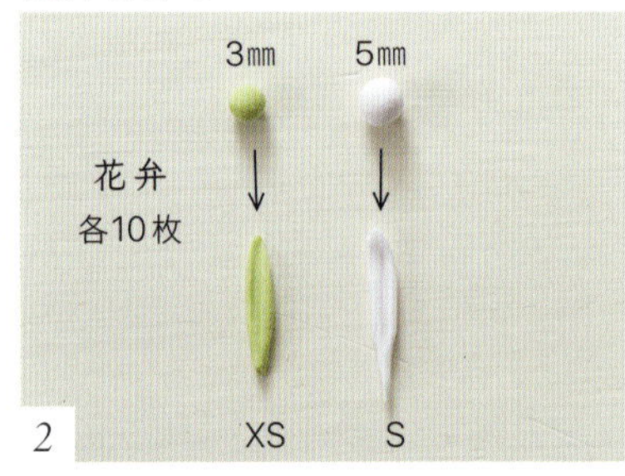

花弁XSとSを各10枚作る。直径3㎜の薄緑色の粘土と直径5㎜の薄ピンク色の粘土を細長い涙形にして葉型（D型）で押し広げる。

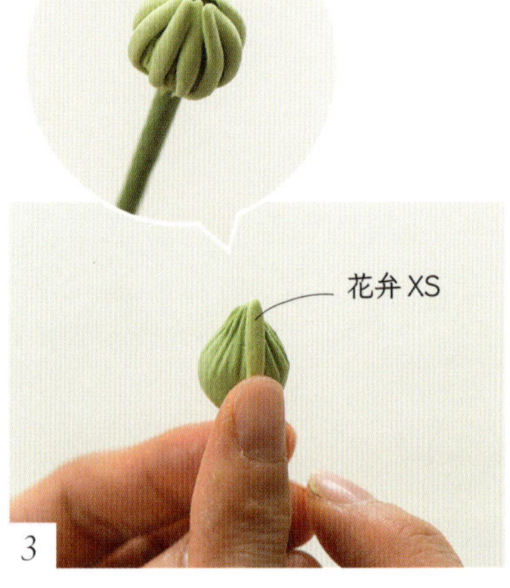

花弁XSに少量の水をつけ、*1*の花芯に10枚を放射状にはりつける。

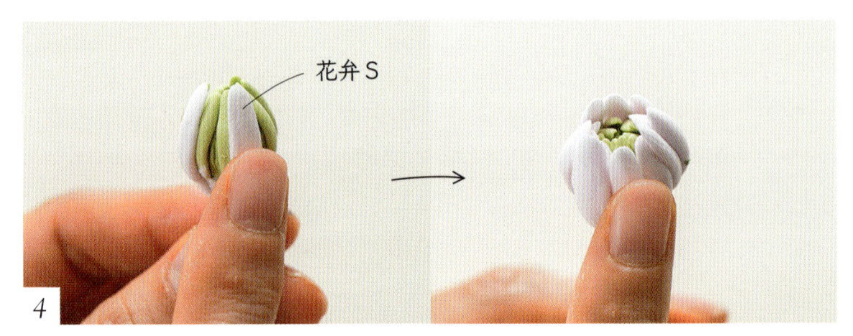

花弁Sに少量の水をつけ、花弁の先を少し浮かせて、*3*の花芯にはりつける。10枚でぐるりと1周する。

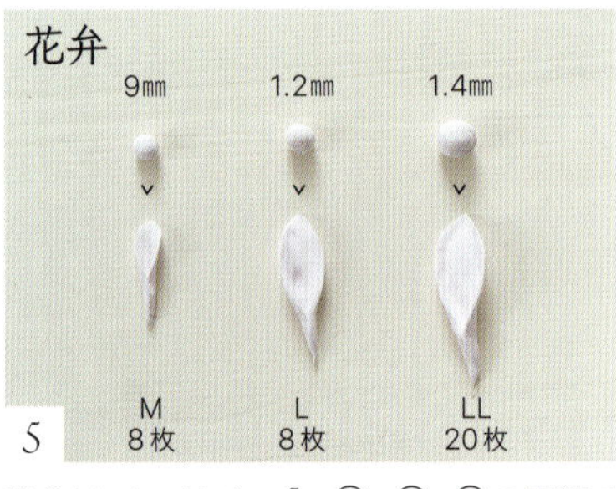

花弁M、L、LLを、*5*-①、②、③の要領で指定の枚数作る。

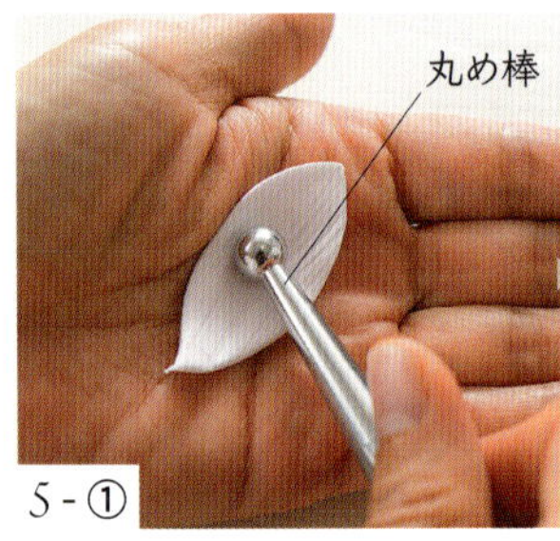

薄ピンク色の粘土を丸めて細長い涙形にし、葉型（D型）で押し広げる。表面に細工棒で縦にスジを入れ、丸め棒で丸みをつける。

花弁の根元を縦に丸めて筒状にする。

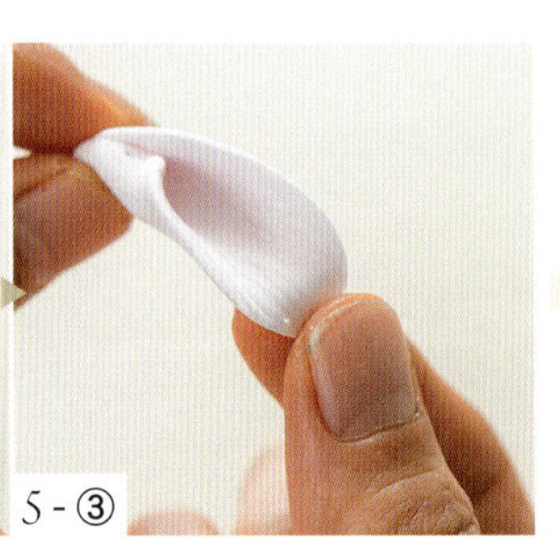

花弁L、LLは縁を指で押し下げて、外側にそらせる。

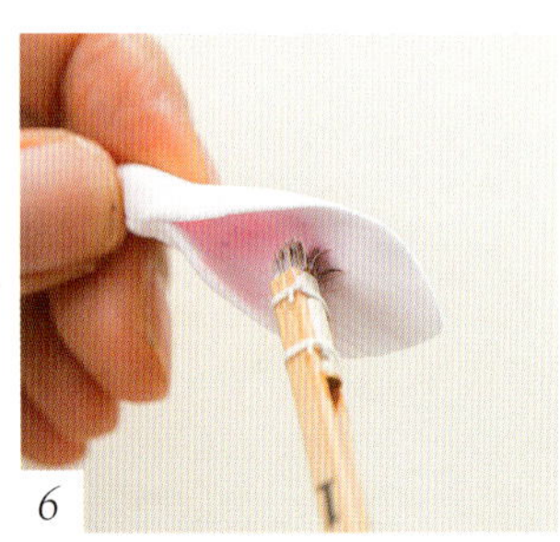

半乾きになったら、花弁の内側に、花弁より濃いピンク色でぼかすように着色し、アクセントをつける。筒状の穴の奥ほど色を濃くするとよい。

花弁M８枚を、*4*の花芯の根元に等間隔に離してボンドでつける。

*7*の周囲に、花弁L ４枚を等間隔に離してボンドでつけ、その間を埋めるように残りの４枚をつける。

*8*の周囲に花弁LLをボンドでつける。花弁LLは花弁Lより低く、外に広がるようにつける。

全ての花弁をバランスよくつけたら、指先に少量の水をつけて裏側の根元を滑らかに整え、本茎につけ替える（p.53参照）。

がくを作る

直径７㎜の緑色の粘土を涙形にして、葉型（D型）で押し広げ、がくを作る。同様に６枚作り、乾いた*10*の花の根元にボンドでつける。

出来上がり。

Dahlia Variations

—— ダリアバリエーション ——

ダリアは、八重咲きの豪華な大輪花から小さく可憐な小輪花まで、咲き方や花弁の形がさまざまで、品種によって大きくイメージが違うバラエティ豊かな花です。クレイで作るときも、花弁の色、枚数、大きさなどをアレンジして、いろいろなダリアを作ってみましょう。

細い花弁が外側にそり返り、スプレー状に広がるカクタス咲きタイプ。淡いピンクのグラデーションでみずみずしい表情に。

花の中央に花芯がのぞくピオニー咲きタイプ。外側ほど花弁が大きく、外に広がっている。

深紅の花弁で妖艶な雰囲気のダリア。花弁を濃い色にする場合、花弁全体に粘土と同系色の絵具を塗って褪色を防ぐ。

花弁の縁が濃ピンク色でオリエンタルなデコラティブ咲きのダリア。つぼみや花をつけるときは、仮芯を本茎につけ替えてからフローラテープで巻きとめる。

Wildflowers

コスモス

Cosmos

材料と用具

- ・ソフトクレイ各色
- ・本茎（#20、2㎜太さ）　・葉茎（#24、1㎜太さ）
- ・ハダカワイヤー（#28）　・フローラテープ（ライトグリーン、半幅・¼幅）
- ・素玉ペップ　・糸ペップ　・ボンド　・アクリル絵具　・葉型（D型）など

花芯を作る

糸ペップの束の片側を黄色、反対側を茶色に着色し、素玉ペップの先端は濃い黄色で着色する。

素玉ペップの先端を5㎜長さに切る。

本茎の先端に、直径1㎝の薄緑色の粘土を円錐形にしてつける。

花芯の先を黄色に着色し、頭頂部に*2*の素玉ペップの先端をさす。

*1*の糸ペップの先を、黄色、茶色それぞれ1.5㎝長さに切って数本ずつ平らにまとめ、根元にボンドをつけて固める。

*5*のペップを、*4*の花芯を囲むようにボンドでつける。黄色、茶色を混ぜながら花芯をぐるりと1周する。

花弁を作る

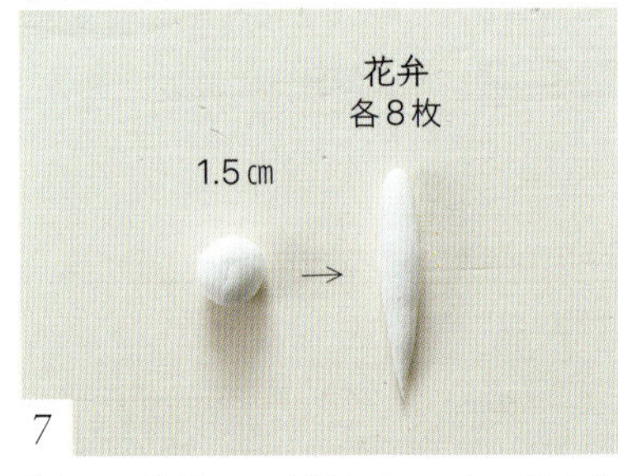

花弁を8枚作る。直径1.5㎝の白い粘土を細長い涙形にする。

葉型で押し広げ、花弁の縁がぎざぎざになるように針で切り込みを入れる。

9
型からはずし、表面に細工棒を押しつけるようにして転がし、花弁に動きをつける。

10
そらせたり、フリルを寄せて波打たせたりして8枚それぞれに動きをつけて乾かす。半乾きになったら、根元の余分をカットする。

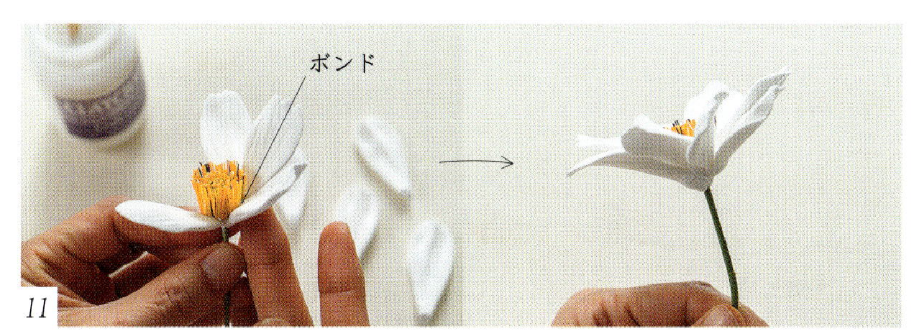

11
花弁の根元にボンドをつけて、*6*の花芯を囲むようにバランスよくつけ、乾かす。

がくを作る

12
直径5㎜の緑色の粘土を1㎝長さの先の尖った細長いロープ状にし、乾いた花の裏側に10枚放射状につける。

葉を作る

13
葉のパーツを作る。2〜5㎝長さのハダカワイヤーに薄緑色の粘土を1㎜太さに巻きつけ、押しつぶして平らにし、端のワイヤーを2〜3㎜露出させる。

14
4〜5㎝の長めの葉のパーツ (a) 1本に、1〜2㎝の短い葉のパーツ (b) を3本、フローラテープで巻きとめ、組み合わせた葉のパーツ①を作る。

15
同様にして、組み合わせた
長めの葉のパーツ ①、短めのパーツ ②、
*13*の葉のパーツをそれぞれ、好みの長さ、バランスで作る。

16
14㎝長さに切った葉茎に、*15*のパーツを上から順にフローラテープで巻きとめ、1枚の葉を作る。同様にしてもう1枚作る。

17
*12*の花の茎に、*16*の葉をフローラテープで巻きとめる。フローラテープ部分は、茎と同色で着色して自然になじませる。

Wildflowers

ミモザ

Mimosa

材料と用具

- ソフトクレイ各色
- 花茎①（#24、1㎜太さ）②（#22、1㎜太さ）
- 葉茎（#22、1㎜太さ）　・本茎（茶色、#20、2㎜太さ）
- フローラテープ（ライトグリーン、¼幅）（茶、半幅）
- ボンド　・ミモザ粉　・アクリル絵具など

花のパーツを作る

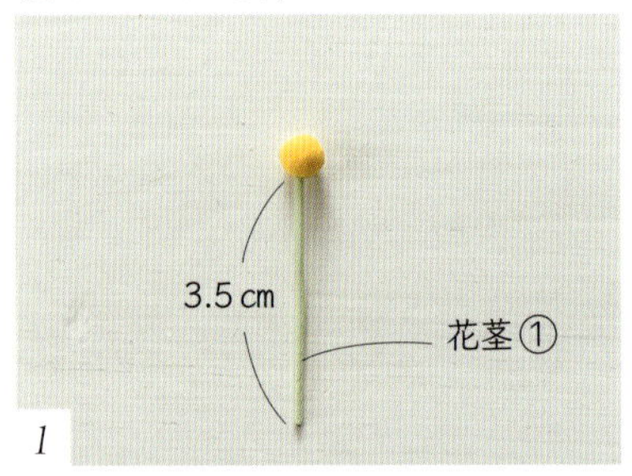

1　3.5㎝長さに切った花茎①（#24、1㎜太さ）の先端に、直径4㎜の黄色の粘土をつける。

2　粘土全体にクリアスターチを塗り、ミモザ粉をまぶしつける。これを100～120本作る。

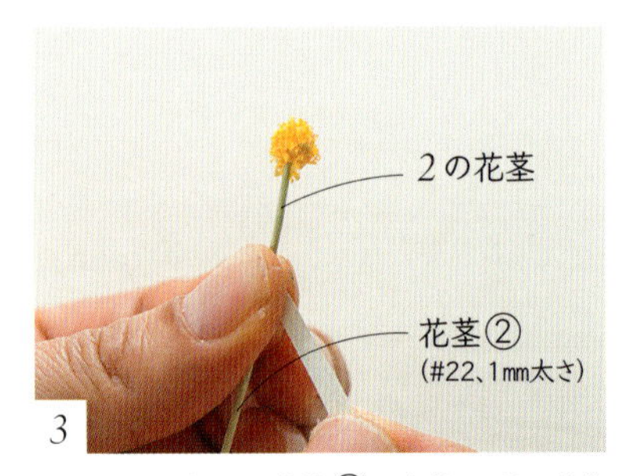

3　10㎝長さに切った花茎②の先端に、2の花茎を添わせ、フローラテープで巻いてつける。

4　3に、上から順に2の花茎を7～10本、フローラテープで巻きとめる。花のパーツの完成。

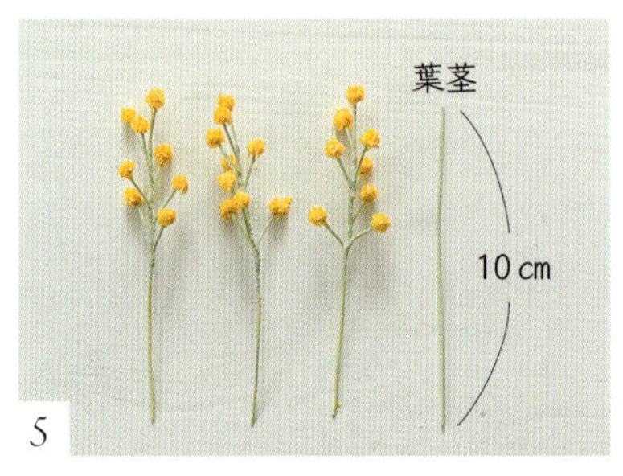

5　同様にして、花のパーツをあと2本作り、10㎝長さの葉茎（#22、1㎜太さ）を準備する。このセットを4セット作る。

花のパーツを組み立てる

6　葉茎の先端に花のパーツを1本、茶色のフローラテープで巻きとめる。その継ぎ目に添わせるように残りの花のパーツを、1本ずつ茶色のフローラテープで巻きとめ、下まで巻き下ろす。

7　20㎝長さに切った茶色の本茎の先端に、6の葉茎を茶色のフローラテープで巻きとめる。

8　7を4本作って、まとめて茶色のフローラテープで巻き、茎の一番下まで巻き下ろす。

Wildflowers

ベリー

Berry

材料と用具

・樹脂粘土　・ソフトクレイ各色
・実の茎（#22、1㎜太さ）　・葉茎（#24、1㎜太さ）
・本茎（#18、2㎜太さ）
・フローラテープ（ライトグリーン、半幅・¼幅）
・ボンド　・葉型（D型、H型）　・アクリル絵具など

実を作る

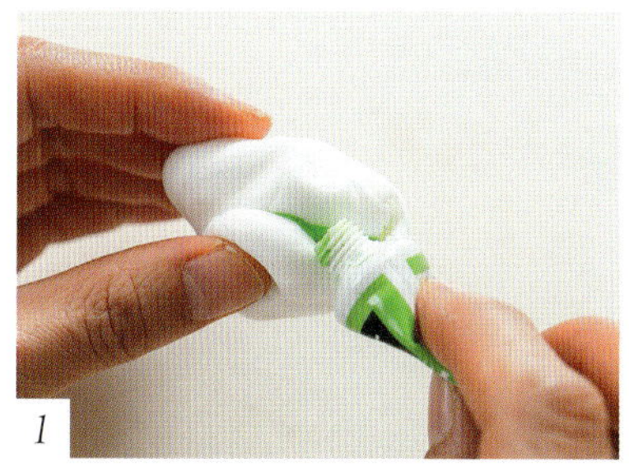

1
樹脂粘土に緑色のアクリル絵具を混ぜて、薄緑色の粘土を作る。

2
1.5㎝長さの卵形を1個、直径2㎜の玉を20～30個作る。卵形の粘土の周りにボンドをつけて、小さい粘土の玉を隙間なくつける。同様にあと2個作る。

3
2が半乾きになったら、5㎝長さに切った実の茎（#22、1㎜太さ）の先端にボンドをつけて2の実にさしてつけ、半乾きになるまで置く。

4
3の実に赤や茶色の絵具で色をつけ、乾いたら半ツヤニスを塗る。直径3㎜の薄緑色の粘土を葉型（D型）で押し広げてがくを6枚作り、実の根元につけてそらせる。

葉を作る

5
ソフトクレイで緑色の粘土を作り、直径8㎜の粘土を涙形にして葉型（H型）で押し広げる。中央に棒針を押しつけて葉脈をつける。

6
5㎝長さに切った葉茎（#24、1㎜太さ）の先端にボンドをつけ、葉のつけ根部分にさし入れる。葉全体を緑色で着色し、乾いたら半ツヤニスを塗る。同様にあと3枚作る。

7
4の実を3個、6の葉を4枚、本茎を用意し、組み合わせる。

8
本茎の先端に実を3個、フローラテープで巻きとめる。継ぎ目から1㎝下に添わせるように葉を1枚巻きとめ、上から順に少しずつ下げていき、葉を4枚すべて巻きとめる。

Leaves

ユーカリ

Eucalyptus

材料と用具

- ソフトクレイ各色
- 本茎（#18、2㎜太さ）
- 地巻きワイヤー（緑、#28）
- フローラテープ（ライトグリーン、半幅）
- ボンド　・アクリル絵具など

葉を作る

1

直径8㎜の緑色の粘土を涙形にして、平らな面に押しつけるようにして広げ、形を整える。

2

棒針で切り込みを入れてくぼみを作り、ハート形にする。

3

葉の中心に棒針を押しつけて葉脈を作る。

4

3㎝長さに切った地巻きワイヤーの先端にボンドをつけ、3の葉のくぼみ部分にさし入れる。

5

同様にして、葉の大きさや葉茎の長さが違う葉を約40枚作る。

6

葉全体を薄緑色で着色し、根元を灰緑色でぼかすようにしてアクセントをつける。

7

本茎の先端の粘土を取ってワイヤーを一部露出させ、6の小さい葉を2枚、向かい合うようにつけてフローラテープで巻きとめる。

8

7の5㎜下に少し大きめの葉を向かい合わせに巻きとめ、さらに5㎜下に、直前の葉と直角になるように葉の向きを変えて巻きとめる。

9

同様にして、葉の向きや大きさを変えながら、約40枚を巻きとめる。

Leaves

ローズマリー

Rosemary

材料と用具

- ソフトクレイ各色
- 本茎（ベージュ、#24、2㎜太さ）
- ハダカワイヤー（#28）
- フローラテープ（ライトグリーン、半幅・¼幅）
- ボンド　・アクリル絵具など

葉を作る

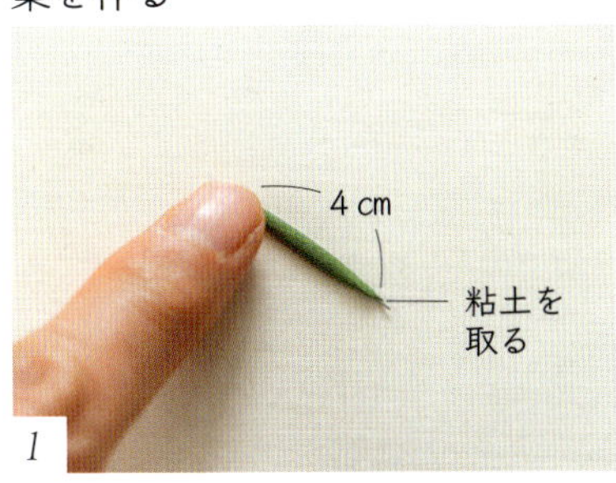

1
2～4㎝長さのハダカワイヤーに2㎜太さになるように緑色の粘土を巻きつけ、指で押しつぶして平らにする。片端は5㎜ほどワイヤーを露出させる。

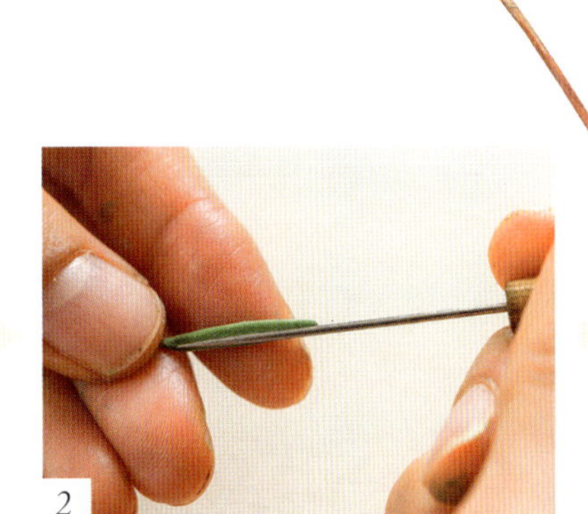

2
葉の片側の表面に棒針を押しつけて、葉脈を入れる。

3
2が乾いたら数本まとめて持ち、葉の根元を薄緑色で着色し、ハイライトを入れる。

4
同様にして、長さが少しずつ異なる葉を80～100枚作る。

5
本茎の先端のワイヤーを一部露出させ、4の葉を2枚、向かい合うようにフローラテープで巻きとめる。

6
5の2～3㎜下に、4の葉を1枚巻きとめる。少しずつ下げていき、葉約30枚をフローラテープで巻きとめ、テープ部分は薄い茶色でぼかすように塗ってなじませる。

7
同様にして、組み立てた葉を3本作り、まとめてフローラテープで巻きとめ、テープ部分は薄い茶色でぼかすように塗ってなじませる。

Succulent Plants

エケベリア

Echeveria

材料と用具

- ソフトクレイ（白）
- 樹脂粘土　・仮芯（5㎜太さ）
- ハダカワイヤー（#28）
- 地巻きワイヤー（緑、#24）
- ボンド
- アクリル絵具など

樹脂粘土を触るときは、ハンドクリームで手に油分を含ませるとべたつきが軽減する

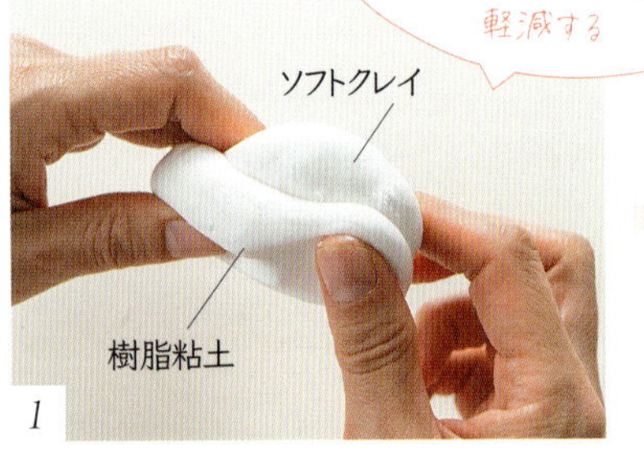

樹脂粘土とソフトクレイを4：1の割合で混ぜ、アクリル絵具を混ぜて薄緑色の粘土を作る（p.52参照）。

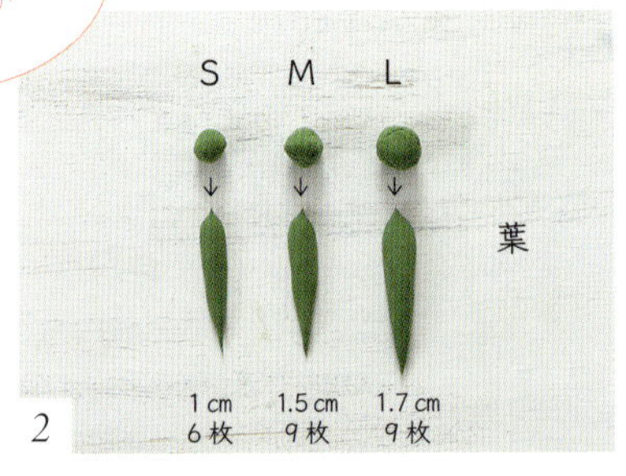

*1*の粘土で葉S6枚、M9枚、L9枚を作る。直径1㎝、1.5㎝、1.7㎝の粘土の玉をそれぞれ涙形にする。

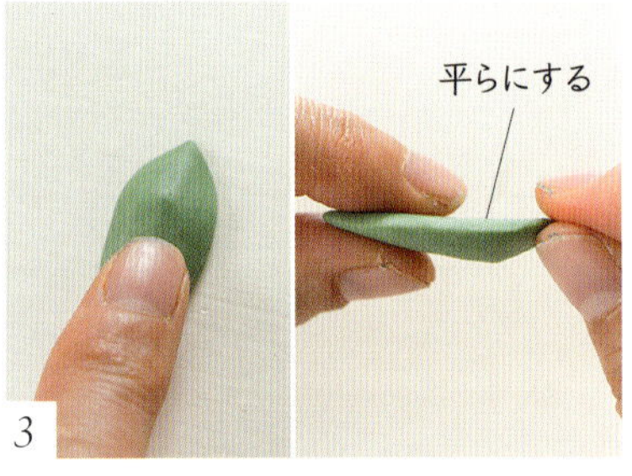

涙形の粘土を平らな面に押しつけて形を整える。先端を尖らせて、先の方は厚く盛り上げ、根元は細く、薄くなるようにする。

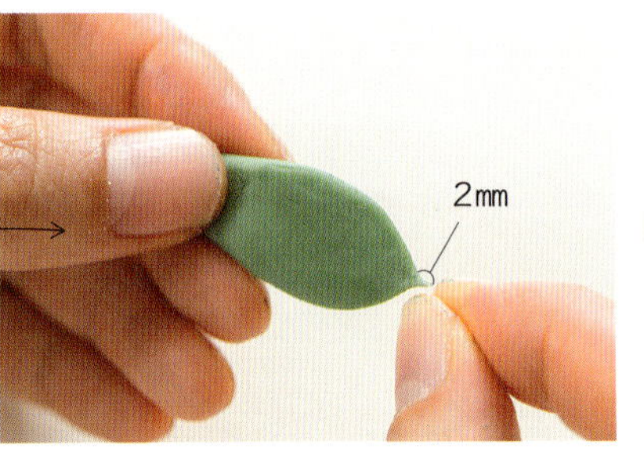

2㎝長さに切ったハダカワイヤーを、2㎜程度飛び出るようにして*3*の先端にさし入れ、葉の先端が尖るように、粘土をつまんでなじませる。

半乾きになったら、葉全体を緑色の絵具で着色し、縁に薄いピンク色でアクセントをつける。

*5*の葉の根元に、2㎝長さに切った地巻きワイヤーをさす。

5㎜太さの仮芯を用意し、仮芯の先端に直径8㎜の、花弁と同色の粘土の玉をかぶせ、紡錘形に整えて花芯にする。

*7*の先端を囲むように、花弁S3枚をつける。花弁Sのワイヤーにボンドをつけ、花芯の粘土にさしてつける。

*8*を囲むように、残りの花弁S3枚をつける。花弁の先は開き気味にし、根元に花弁と同色の粘土を足し、茎になでつけてなじませる。

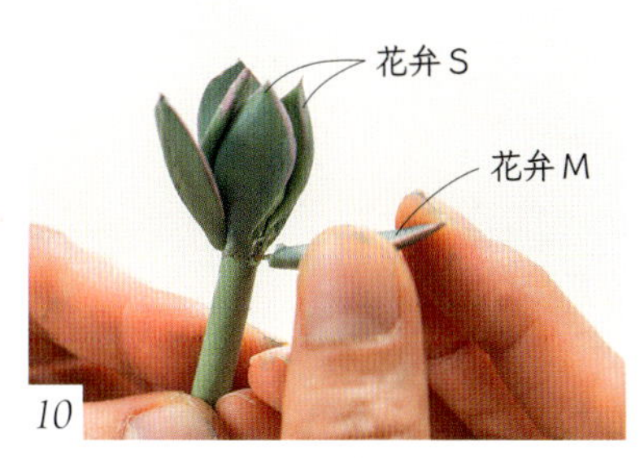

同様に、少し高さを下げて、花弁M3枚を、花弁Sの間に来るようにつける。

*10*の花弁Mの間を埋めるように残りの花弁M3枚をつけ、さらに花弁Lを3枚ずつ、計9枚を徐々に下げながらつける。

Point!
花弁をつけるたびに根元に
粘土を足して茎になじませる。
次の花弁のワイヤーが
ささりやすいように！

グリーンネックレス

Green Necklace

材料と用具

- 樹脂粘土
- 葉茎（#24、1㎜太さ）　・本茎（#22、1㎜太さ）
- フローラテープ（ライトグリーン、半幅・¼幅）
- ボンド　・アクリル絵具　・半ツヤニスなど

葉茎
1

樹脂粘土にアクリル絵具を混ぜて薄緑色の粘土を作る。直径0.5～1㎝の粘土の玉を先の尖った卵形にして、2～4㎝長さの葉茎をさす。

半乾きになったら全体を薄緑色で着色し、根元を3分の1ほど残して濃い緑色に塗る。絵具が乾いたら半ツヤニスを塗る。同様に、大きさが少しずつ違う葉を20～30本作る。

本茎の先端に*2*の葉茎を添えてフローラテープで巻きとめ、上から順に、葉茎の長さや向きを調整しながら、1本ずつ巻きとめる。

好みの長さまで葉をつけたら出来上がり。

Succulent Plants

コモチレンゲ

Orostachys

材料と用具

・ソフトクレイ（白）　・樹脂粘土
・葉茎（#24、1㎜太さ）　・地巻きワイヤー（白、#24）
・本茎（茶色、#22、2㎜太さ）
・フローラテープ（ライトグリーン、半幅・¼幅）
・ボンド　・アクリル絵具など

樹脂粘土を触るときは、ハンドクリームで手に油分を含ませるとべたつきが軽減する

1
花弁Lを15～18枚作る。樹脂粘土とソフトクレイを混ぜ、絵具を混ぜて薄緑色の粘土を作る（p.52参照）。直径1.2㎝の粘土の玉を平らな板に押しつけて広げる。

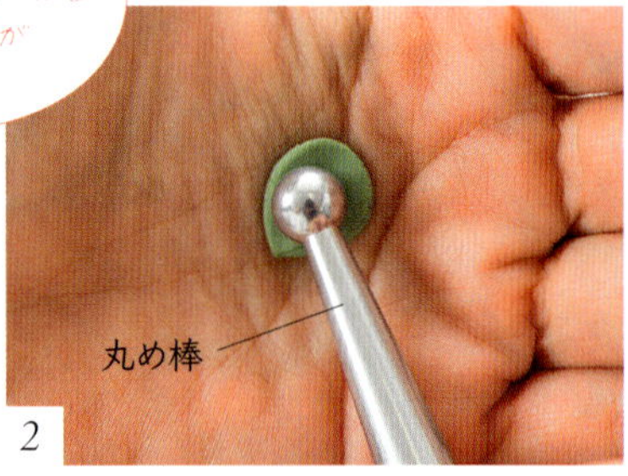

2
丸め棒で花弁に丸みをつける。

3
3㎝長さに切った葉茎の先端のワイヤーを露出させ、ボンドをつけて2の花弁の根元にさしつける。

4
同様にして花弁S6枚（直径8㎜）、花弁M15～18枚（直径1㎝）を作る。花弁S、Mの葉茎には3㎝長さの地巻きワイヤーをさす。

5
半乾きになったら、葉全体を緑色に着色し、縁に薄いピンク色でアクセントをつける。

6
本茎の先端に、花弁S2枚を向かい合わせにつけ、フローラテープで巻きとめる。花弁Sを囲むように、花弁M3枚を1枚ずつ巻きとめる。

7
同様に、花弁M、花弁Lの順に、バラの花のように放射状にバランスよくつける。

8
茎部分のフローラテープに、薄い茶色をぼかすように塗ってなじませる。

9
同様に、花弁の枚数を変えるなど形や大きさの違うものを3本作り、まとめてフローラテープで巻く。

【作品の仕立て方】②

多肉の寄せ植えアレンジ

作品 P.38

材料と用具

- 多肉植物（エケベリア、セダム、グリーンネックレス、エアプランツ、コモチレンゲなど）
- カップなどの器　・スタイロフォーム　・ソフトクレイ（白）
- マルチングストーン　・プランターアクセサリー　・ボンド　・クリアスターチなど

スタイロフォームを器の大きさに合わせてカットし、器にセットする。

スタイロフォームをソフトクレイで覆い隠す。

粘土の表面全体にボンドをつけてマルチングストーンをまぶしかけ、表面を覆う。

マルチングストーンの上からクリアスターチをたっぷりとかけ、固める。

全体のバランスを見て、メインになるものからアレンジする。全体の位置や高さが決まったら、茎を切って高さを合わせ、茎の先端の粘土を取り除き、スタイロフォームにさす。

大きいものから順にさし、最後にプランターアクセサリーをさして、出来上がり。

[道具]

Basic Tools

本書で使った道具と材料

Tools and Materials

粘土での作品作りに使う基本の道具、材料を紹介します。クレイアートは、多くの道具がなくても、粘土さえあればできる手軽な手芸ですが、細工棒や型などは、あると便利で、作品作りがより楽しくなります。

質感を出す道具

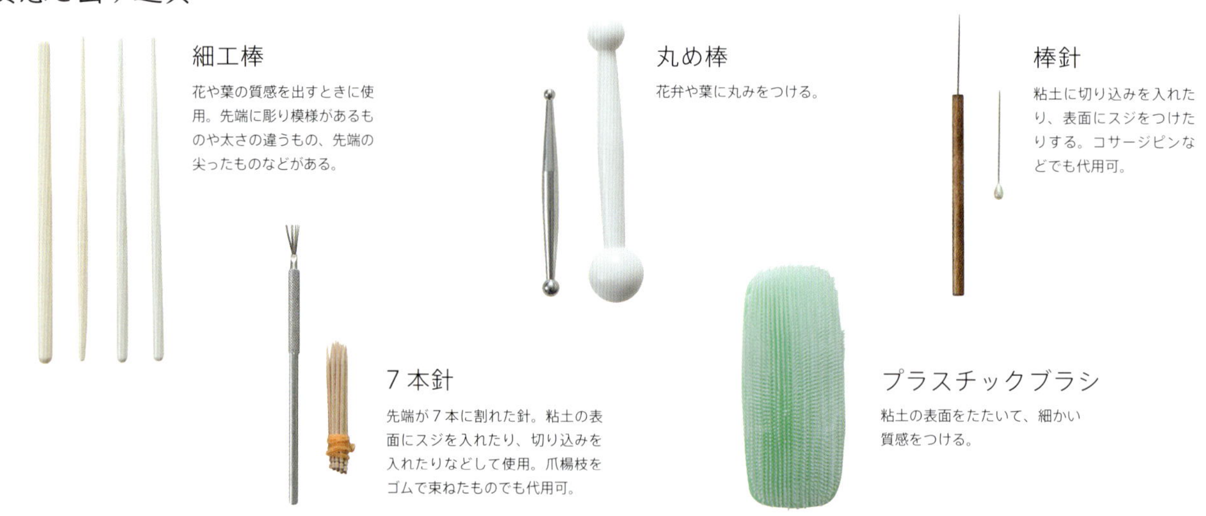

細工棒

花や葉の質感を出すときに使用。先端に彫り模様があるものや太さの違うもの、先端の尖ったものなどがある。

丸め棒

花弁や葉に丸みをつける。

棒針

粘土に切り込みを入れたり、表面にスジをつけたりする。コサージピンなどでも代用可。

7本針

先端が7本に割れた針。粘土の表面にスジを入れたり、切り込みを入れたりなどして使用。爪楊枝をゴムで束ねたものでも代用可。

プラスチックブラシ

粘土の表面をたたいて、細かい質感をつける。

作業台になる道具

粘土板

吸水性のない平らな板。作業途中のパーツを乾かすときも重宝する。

伸ばす道具

のし棒

粘土を平らな板状に伸ばす。

接着する道具

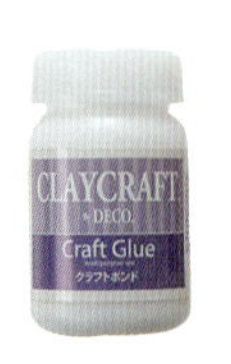

ボンド

乾燥した粘土どうしや、異素材のものと接着に使用。木工用ボンドなどでもよい。

クリアスターチ

粘度が薄い接着用の水のり。粘土の表面全体にスノー粉をつけるときなどに使用。

切る道具

ハサミ

粘土を切るときに使用。先端が細いものが便利。

ニッパー

ワイヤーを切るときに使用。

ラジオペンチ

ワイヤーを曲げるときに使用。

型

型シート

粘土を押しつけて、模様をつけるなど。レースのような質感が出せる。

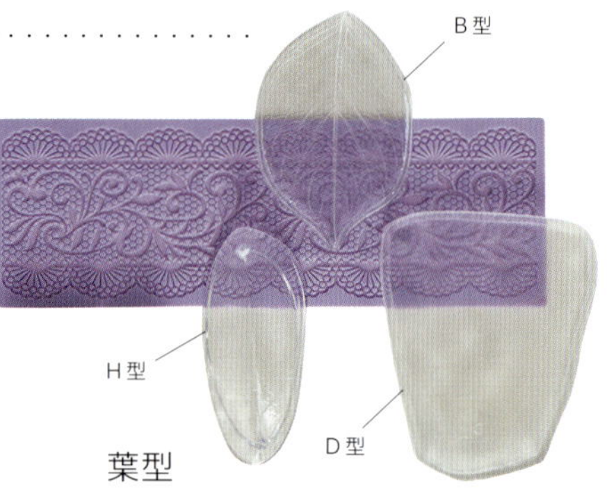

抜き型

板状に伸ばした粘土をくりぬく。クッキー型でもよい。

葉型

粘土を押しつけて花弁や葉の形を作ったり、表面に模様をつけたりする。本書で使用したものは、B型、D型、H型。

土台・芯になるもの

スタイロフォーム・素ボール

粘土の中に入れて芯にする。
板状のもの、円柱状のものなど。

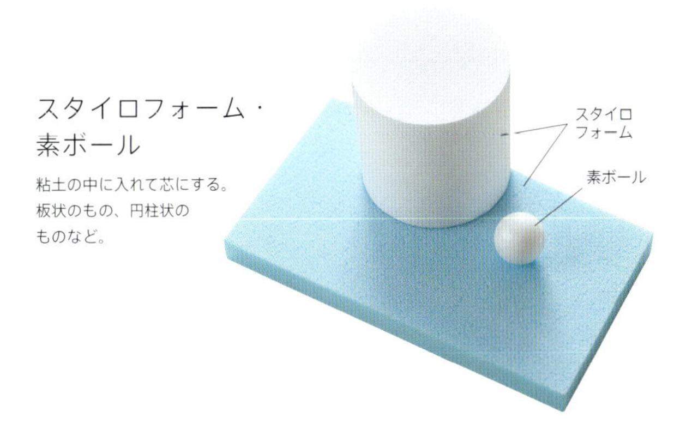

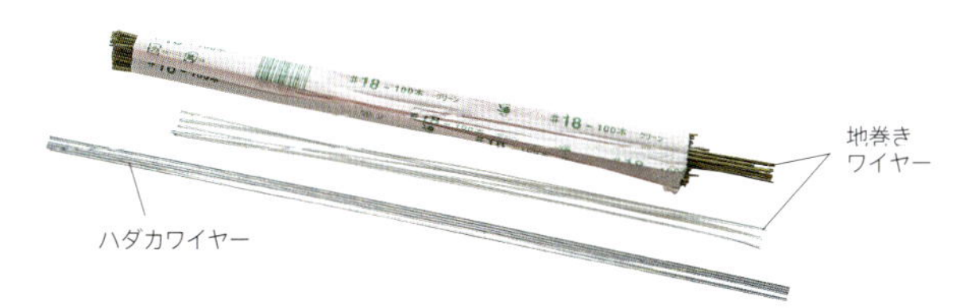

ハダカワイヤー・地巻きワイヤー（緑・白）

#18～30を使用。葉茎や茎の芯、またパーツをまとめるときに使用。
番手の数字が大きいほど、細く柔らかい。

花芯になるもの

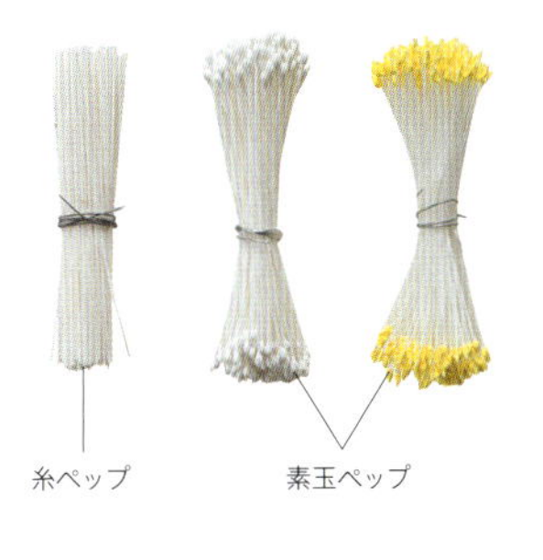

ペップ

糸ペップ、素玉ペップなど、
花の種類によって使い分ける。

組み立てに使うもの

フローラテープ（ライトグリーン、茶）

花のパーツをまとめるときに使用。
全幅（1.2㎝）、半幅（0.6㎝）タイプがある。細かい部分をまとめるときは、半幅を半分に切ったもの（1/4幅）を使用。

装飾に使う異素材の小物

モス・マルチングストーン

器のアレンジなどで、土台になる粘土の表面を覆って隠すのに使用。花材として販売されている。

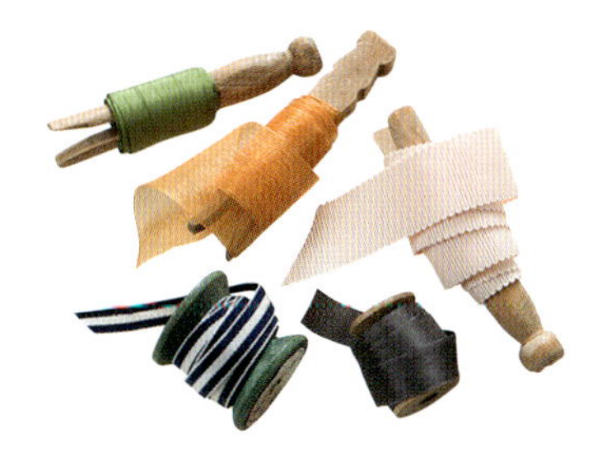

リボンなど

ブーケをまとめるときやボックスアレンジなどに使用。粘土と異なる素材が入ると、アクセントになり、作品の雰囲気が柔らかくなる。

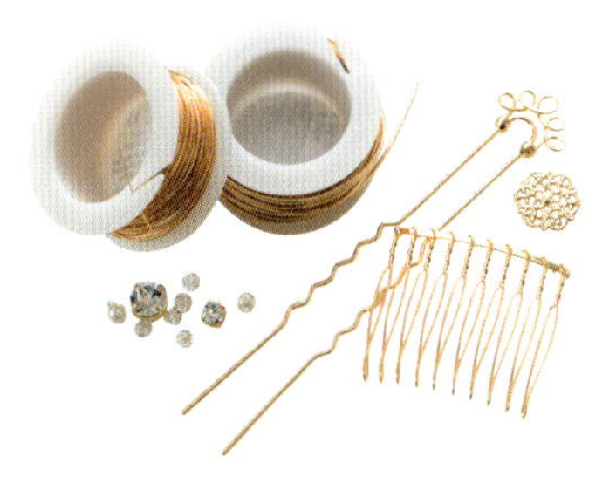

アクセサリーパーツ

アクセサリー金具。粘土の花などを多用途の接着材などで固定する。

本書で使った絵具と着色の仕方

Coloring Basics

粘土自体に色があるので、着色しなくても十分カラフルな仕上がりになりますが、花弁にグラデーションをつけたり、ニスでコーティングをしたりと、少しの手間を加えることで、作品の完成度がより高くなります。ここでは、基本的な着色の方法と、作品の仕上げに使った独特の風合いを出すテクニックを紹介します。

[絵具]

アクリル絵具

不透明で発色力の強いアクリル絵具。乾くのが早く、乾燥すると耐水性になるので、重ね塗りできる。

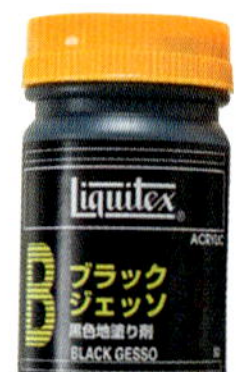

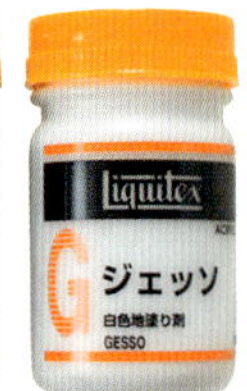

ジェッソ（黒・白）

アクリル絵具用の地塗り材。白、黒の絵具としても使い、色を作るときの基本になる。

[絵筆]

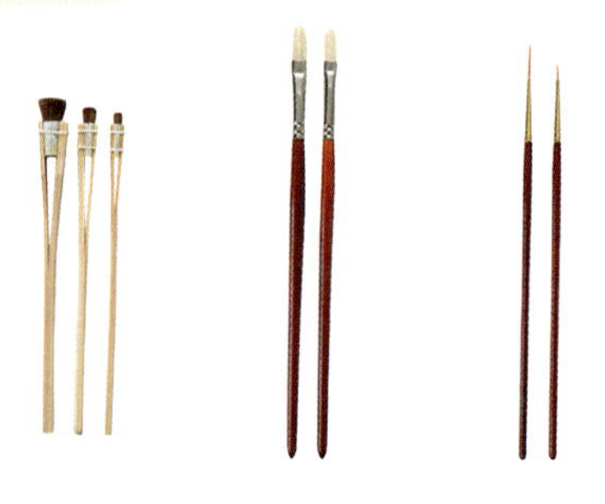

竹軸筆、豚毛筆、ナイロン筆（写真左から）。
塗り方に合わせて使い分ける。

[着色のテクニック]

[色を作るときは]

- 単色ではなく、混ぜて使う方が深みが出る。
- 濃い色の粘土は乾燥すると白けたように褪色するので、同系色で全体に着色すると色が長持ちする。
- パステル系の薄い色は、白ジェッソをベースに、カラー絵具を少量ずつ混ぜる。
- 色に深みを出すときは濃い色の絵具に黒ジェッソを少量入れる。

▸ ぼかしてグラデーションをつける

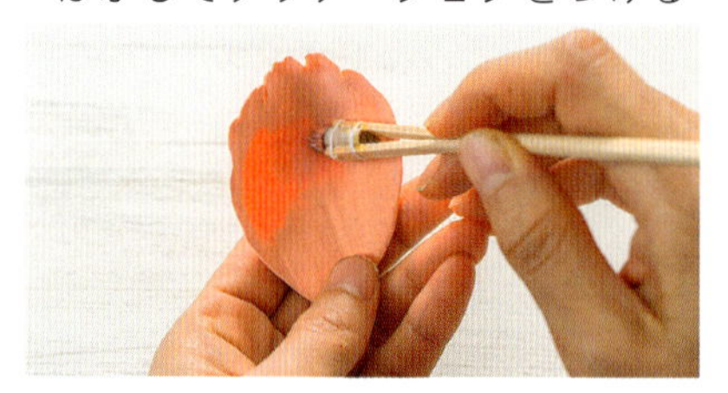

部分的に着色して陰影をつけたり、アクセントをつけたりするときは、ペーパータオルで竹軸筆の水気を取りながら、刷り込むように色をつける。

▸ 全体に着色する

全体に色をつけるときは豚毛筆や竹軸筆を使用。

▸ 細いラインを描く

細いナイロン筆（#RO-0、SC2）を使用。葉脈を描くときなど、明るめの色で、ところどころ線をなぞってアクセントをつける。

仕上げに使ったテクニック

Coloring Basics

花や葉の表面に独特の風合いを出すために使ったテクニックです。

[光沢を出す]

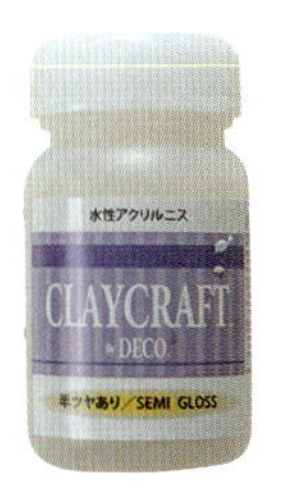

半ツヤニス

作品が乾いてから全体に塗る。乾くとツヤが出るとともにコーティング効果もある。

ニスを塗るときは、絵筆とは別のニス筆を使う。

[粉がふいたような質感を出す]

スノー粉

白い微粉末。花や葉に白く質感をつける。
灰白色の多肉植物の葉などに使用。

1 花や葉の全面にクリアスターチを塗る。

2 スノー粉をふりかける。

3 軽くたたいて余分な粉を落とす。

[硬化させ、透明感を出す]

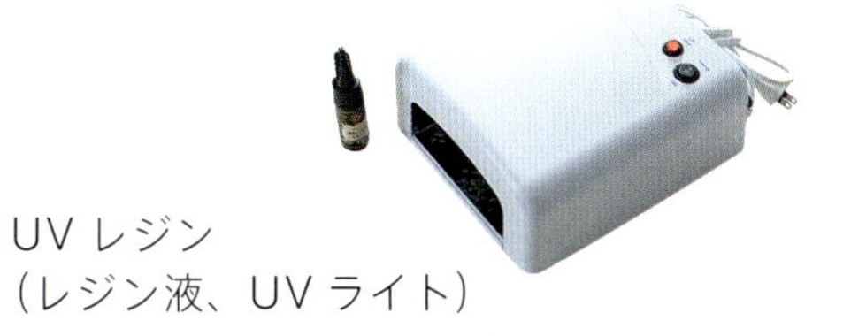

UV レジン（レジン液、UV ライト）

レジン液（紫外線硬化型の液状の透明な樹脂）を塗って UV ライトを当てると、固まって硬く、丈夫になる。アクセサリーなどに使用。

乾いた作品の表面にレジン液を塗り、UV ライトを当てて硬化させる。固まった上から何度か重ね塗りすることで、ぷっくりと透明な層ができ、高級感が増す。

宮井友紀子（みやい・ゆきこ）

粘土工芸作家。デコクレイクラフトアカデミーを、母、宮井和子（粘土工芸作家）と共に主宰。日本とハワイに、教室、ショップ兼スタジオを構え、常に新しい感覚を取り入れ、オリジナルな手法、デザインを心がけ、日本を始めアメリカそして海外に向け発信。講習会などを通して活動の幅を広げている。著書に「ソフト粘土で作る花のギフト」（NHK 出版）ほか多数。

DECOクレイクラフトアカデミー
〒135-0042　東京都江東区木場5-2-6
TEL 03-3630-2082　FAX 03-3630-2024
decoclay.co.jp
decoclay.com
※本書で使用した粘土や道具などはこちらでも購入できます。

作品制作協力　：梅﨑華子
：八髙朋子
：上原尚子
：Chenli Garcia-Wang
：Yokina Ikei
：Jo Ann Chang

アートディレクション：ワキリエ（SmileD.C.）
デザイン：マスダヒロキ（SmileD.C.）
撮影：大山克己（口絵）
：対馬一次（プロセス）
校正：ケイズオフィス
データ作成協力：網干 彩
企画・編集：金杉沙織

クレイで作る
花と多肉のグリーンガーデン

著　者　宮井友紀子
編集人　石田由美
発行人　永田智之
発行所　株式会社　主婦と生活社
〒104-8357　東京都中央区京橋 3-5-7
編集代表　☎03-3563-5361　FAX03-3563-0528
販売代表　☎03-3563-5121
広告代表　☎03-3563-5131
生産代表　☎03-3563-5125
http://www.shufu.co.jp/

製版所　東京カラーフォト・プロセス株式会社
印刷所　太陽印刷工業株式会社
製本所　共同製本株式会社

ISBN 978-4-391-15102-2